Paul van Treeck:

Hundert Jahre im Altkreis Geldern
Bemerkenswertes aus meinem Leben

Hundert Jahre im Altkreis Geldern

Bemerkenswertes aus meinem Leben

Paul van Treeck

Herausgegeben und kommentiert von
Georg Verweyen

Books on Demand

2011

Satz: Georg Verweyen
Gesetzt mit LaTeX 2_ε
aus der Linux Libertine O

Herstellung und Verlag:
Books on Demand GmbH, Norderstedt
ISBN 978-3-8423-3489-2

Vorwort des Herausgebers

Im Winter 1993/94 hat Paul van Treeck, damals bereits 95jährig, auf Drängen von Familie und Freunden seine Lebenserinnerungen aufgeschrieben. Zu diesem Zeitpunkt konnten die Wenigsten ahnen, dass er noch sechs volle Jahre zu leben hatte.

Die Form des Manuskripts folgt den Konventionen eines handschriftlichen Lebenslaufs und enthält weder Kapitel noch Abschnitte. Auf 44 gut lesbaren Seiten schildert Paul van Treeck in chronologischer Folge Kindheit und Jugend, den Einschnitt des Ersten Weltkriegs, dann die Zeit als Lehrer, den Aufstieg des Nationalsozialismus und das Ende des Zweiten Weltkriegs mit dem Einmarsch der Alliierten in Weeze. Bescheiden schildert er seine Beteiligung am Aufbau der zerstörten Gemeinde Weeze als erster Nachkriegs-Bürgermeister. Über verschiedene Etappen in der Schulverwaltung gelangt Paul van Treeck bald als Schulrat nach Geldern, baut seiner Familie ein Haus und verabschiedet sich erst nach fünfzig Dienstjahren aus der Schule. Ehrenämter, Auszeichungen und Feste mit der großen Familie folgen.

Das Manuskript wurde in Kopien an Paul van Treecks Kinder verteilt und auszugsweise oder in Kopie rezipiert und zitiert, so in verschiedenen Ausgaben des *Geldrischen Heimatkalenders* und im Jahrbuch *Weezer Geschichte*.

Zur Textgestalt
Die Handschrift wurde ohne Änderung des Wortlauts übertragen. Auslassungen wurden in eckigen Klammern ergänzt, sofern dies für die Vollständigkeit des Satzes notwendig erschien. Gelegentliche Fehler in Orthografie und Interpunktion wurden stillschweigend nach der sogenannten alten Rechtschreibung korrigiert. Varianten wurden an die heute übliche Schreibung angepasst: *Vlaesrath/Vlaß-*

Bemerkenswertes aus meinem Leben.

Geboren wurde ich am 9. Okt. 1898 als Sohn der
Eheleute Josef van Treeck und seiner Frau Karolin,
geb. Willems auf der Vlassrather Mühle bei Straelen.
Meine Eltern stammten beide aus Veert, so daß
ich Veerter und Straelener Platt erlernte. Meine Vorschulzeit verlebte ich als Ältester von 11 Kindern
– der Erstgeborene war mit 3 Jahren gestorben – auf
Vlassrath im elterlichen Hause. Hier war stets
lebhafter Betrieb; denn mit uns saßen ständig
eine Hausgehilfin und H ein Müller am Essen-
tisch. Dann beschäftigte mein Vater noch zwei
Fuhrleute (Karrieher), von denen einer an den

Die erste Manuskriptseite, obere Hälfte

rath→Vlassrath. Abkürzungen wurden aufgelöst und Zahlen bis
zwanzig, sowie glatte Zehner ausgeschrieben. Die Schreibung der
Uhrzeiten wurde vereinheitlicht *6 ½ Uhr→6.30 Uhr* und Jahreszah-
len vierstellig ergänzt *47→1947*. Belassen wurden die zahlreichen
Gedankenstriche und teils merkwürdigen Formulierungen, die den
Charakter des Textes prägen – an dieser Stelle sei noch einmal an
das stolze Alter des Verfassers von 95 Jahren erinnert.

An wenigen Stellen schienen kurze Anmerkungen des Herausge-
bers in Form von Fußnoten unvermeidlich. Längere Anmerkungen
wurden im Nachwort gesammelt.

Abbildungen
Wenn nicht anders vermerkt, entstammen alle Bilder Fotoalben der
Familie und wurden für diese Ausgabe digitalisiert und aufberei-

tet. Herrn Dr. Stelkens danke ich für die historische Aufnahme der Vlassrath'schen Wassermühle (S. 8) und für die Gelegenheit sein renoviertes Zuhause abzulichten (S. 9). Die Ansicht von Graincourt (S. 16) ist eine antiquarisch erstandene Feldpostkarte aus meinem Besitz – der Fotograf konnte nicht festgestellt werden. Ich danke Frau Sybille Stöffges, der ehemaligen Rentei-Sekretärin an Schloss Wissen, für die Aufnahmen aus der Zeit der Notgemeinschaft (S. 34, 35, 36).

Dank
Danken möchte ich meiner Mutter, Hildegard van Treeck für zahlreiche Anmerkungen und Korrekturen während der Entstehungszeit des Buches. Meine Tante Elisabeth und mein Onkel Lorenz van Treeck haben die Endfassung mit großer Genauigkeit gegengelesen, wofür ich danken möchte. Vor allem aber gilt der Dank meinem Großvater Paul van Treeck, der diese Erinnerungen mit seiner Familie geteilt hat.

Nairobi, Anfang 2011, Georg Verweyen

GEBOREN WURDE ICH AM 9. OKTOBER 1898 als Sohn der Eheleute Josef van Treeck und seiner Frau Karoline geb. Willems auf der Vlassrather Mühle bei Straelen. Meine Eltern stammten beide aus Veert, so daß ich Veerter und Straelener Platt erlernte. Meine Vorschulzeit verlebte ich als Ältester von elf Kindern – der Erstgeborene war mit drei Jahren gestorben – auf Vlassrath im elterlichen Hause. Hier war stets lebhafter Betrieb, denn mit uns saßen ständig eine Hausgehilfin und ein Müller mit am Essenstisch. Dazu beschäftigte mein Vater noch zwei Fuhrleute (Kardriever), von denen einer an den sechs Arbeitstagen beköstigt wurde. Dieser erschien gegen 6.30 Uhr von seiner 25 Minuten entfernten Wohnung, versorgte sein Pferd, frühstückte, belud mit Vater und Müller seine Hufkarre, nahm seine Tagesbutterbrote und fuhr seine Tour. Gegen 17 Uhr kam er zurück, gab seine Bestellungen auf, nahm das Abendessen und war gegen 19 Uhr wieder bei seinen Lieben. Der andere Kardriever, ein Nachbar, fuhr einmal in der Woche eine Tour, mußte aber außerdem den Roggen aus der Ukraine vom Schiff in Venlo holen, den die Bäcker für Schwarzbrot forderten. Außerdem hatte er die kleine Landwirtschaft – sechs Morgen Ackerland, zehn Morgen Wiese und Weide, Stallungen mit drei Kühen und zwanzig Schweinen mit Hilfe der

Die Vlassrather Wassermühle vor der Niersbegradigung (Blick nach SW)

»Magd« zu versorgen. Auch ein großer Gemüse- und Obstgarten verursachte viel Arbeit.

Mit sechseinhalb Jahren mußte ich zum gut 4 km [3,5 km] entfernten Straelen zur Schule. Da außer Mittwoch und Samstag auch nachmittags Unterricht war, bestand das Mittagessen aus gut belegten Butterbroten, die bei einem Schuldner des Vaters mit Milch verzehrt wurden. In den letzten Schuljahren konnten wir allerdings im Winter für 5 Pf. und im Sommer für 10 Pf. – dann waren weniger Teilnehmer – im Waisenhaus ein Mittagessen aus Kartoffeln und Gemüse oder Eintopf bekommen. Auf dem Schulweg von Niersbroek, Vlassrath, Mühlenweg war stets eine stattliche Schar unterwegs. Mit uns gingen noch sechs andere ABC-Schützen gleichzeitig diesen Weg. In meinen letzten Volksschuljahren verließen täglich fünf van Treecks das elterliche Haus. So ab [dem] zehnten Lebensjahr

Die restaurierte Vlassrather Wassermühle 2010 ohne Mühlrad (Blick nach S)

schickten uns die Eltern fast jeden Morgen zur Schulmesse, wobei wir gegen 6.30 Uhr aufbrechen mußten.

Nun noch einige Besonderheiten aus dieser Zeit. 1909 wurde unser dreijähriger Bruder Heinrich vor unserem Hause vom eigenen Fuhrmann überfahren, was wir Älteren, die gerade aus der Schule kamen, von weitem sahen. Im Sommer 1911 fuhr Vater mit Gerhard und mir zum Zirkus Sarasani nach Krefeld, ein Glück, was kaum andere Kinder aus Straelen hatten. Wir hatten auch einen Ziegenbock mit Karre, mit dem aber hauptsächlich mein Bruder Gerhard und der gleichaltrige Sohn unserer zwei Kardrievers fuhrwerkten. Da Gerhard durch eine schwere Diphterie geschwächt war, wurde ich mehr zu allen möglichen Arbeiten im Haushalt und in der Landwirtschaft herangezogen. So mußte ich in den sechswöchigen Herbstferien viel die Kühe hüten, wobei ich dann auch lesen konnte. Sonntags, wenn Eltern und Magd zur Kirche waren, war ich dann für etwa eine Stunde Kindermädchen für meine jüngsten Geschwister. Körperlich war ich durch zu kurze Sehnen und steife und oft schmerzende Knie – die Absätze konnte ich nie ans Gesäß bekommen – etwas behindert. Die anderen konnten schneller laufen, weiter springen und werfen; nur im Klettern war ich allen überlegen.

Durch das Aufkommen der Molkereien am Ende des achtzehnten Jahrhunderts mit Futterhandel und Mahlbetrieb und Elektrifizierung Straelens um 1910 ging der Ertrag der Müllerei zurück, so daß ab 1911 kein Müller mehr beschäftigt wurde. Bruder Gerhard und ich mußten dann ab und zu Gerste mahlen.

In der Schule hatte ich in allen Klassen keine Schwierigkeiten. Beim Beginn des sechsten Schuljahres wurde ich als ältester des Jahrgangs mit anderen in die zweijährige Oberklasse versetzt. Bei dem von mir geschätzten Hauptlehrer Tinnefeld erhielt ich im letzten Schuljahr den ersten Platz, wodurch ich manche besondere Aufgaben erhielt – Zahl der Teilnehmer im Waisenhaus täglich feststellen. So ist es zu verstehen, daß ich bei der Berufswahl Müller oder Lehrer werden wollte. Da mein Vater die Müllerei aufgeben und Landwirt werden wollte, ich aber wenig Interesse daran hatte, entschied er, daß ich Lehrer werden sollte. Deshalb meldete er mich im Herbst 1912, obgleich ich noch volksschulpflichtig war, aber aufgenommen werden konnte, zur Aufnahmeprüfung für die Präparandie[1] in Kempen an. Ergebnis: Bei der Verlesung der aufgenommenen 70 Bewerber – wurde ich genannt; aber dann hieß es: Nein, der ist noch zu jung. So meldete mich Vater Ostern 1913 in Elten an. Ich meine, die Prüfung von vier Stunden – in Kempen drei Tage – fiel nicht so

---

[1]Die Präparandie, auch *Präparandenanstalt* war eine »Vorstufe des Lehrerseminars [...] mit einer dreijährigen Einführung für begabte Volksschüler [...]. Mit sechzehn, siebzehn Jahren wechselten die Ausgewählten auf das Lehrerseminar über.« (Wehler: Gesellschaftsgeschichte, Band 4, München 1995, S. 1198)

gut aus; da aber nur achtzehn Anmeldungen vorlagen, wurden alle aufgenommen.

In Elten änderte sich die Lebensweise vollständig. Wir waren mit fünf bis sieben Schülern in einem Bürgerhaus, das fast alle Halbjahre gewechselt wurde, untergebracht. Wir erhielten für zwei Mark pro Tag Unterkunft mit Verpflegung und ein Studierzimmer. Tagesordnung: 7 Uhr Wecken, Frühstück, 8–12 und 14–16 Uhr Unterricht – letzteren nicht Mittwoch und Samstag – 17–20.30 Uhr Silentium – wir mußten im Hause bleiben und uns irgendwie beschäftigen, musizieren, auf jeder Bude war ein Klavier – 20.30–22 Uhr strenges Silentium. Sonntags hatten wir nach der heiligen Messe bis 10 Uhr Ausgang, Silentium, um 14 Uhr Vesper und anschließend bis 17 Uhr Ausgang. Diese harte Ordnung wurde von den Lehrern überprüft. In der Klasse hatte ich Schwierigkeiten mit der Rechtschreibung, in Französisch und mit den Fremdwörtern in Grammatik und Mathematik, die ich früher nie gehört hatte.

Am 13. Juni 1913 wurde meine Schwester Änne geboren. Um das jüngste Glied der Familie mir anzusehen, durfte ich zu meinem Namensfest und dem anschließenden Sonntag mal ausnahmsweise nach Hause fahren. Bei der Rückfahrt erfuhr ich auf dem Bahnhof von Wesel [... von der] Ermordung des Thronfolgers in Sarajevo, die den ersten Weltkrieg auslöste. Nach dem raschen Vormarsch bis vor Paris und den Siegen über die Russen hat doch niemand vermutet, daß dieser Krieg so gewaltiges Elend auslösen würde. [In der] Mitte dieses Ringens konnte Vater seinen Plan, einen Hof zu pachten, erfüllen. Schon Ende 1913 hatte er für dieses Vorhaben Verbindung in Schleswig Holstein aufgenommen. – Im Herbst 1915 wurde bekannt, daß der Pächter von Feldhof im Niersbroeck seinen Betrieb aufgeben würde. Sofort setzte sich Vater mit Förster Korsten, dem Vertreter des Besitzers, Baron von Loë-Bergerhausen und diesem in Verbindung und pachtete den dreißig Hektar großen Hof, was viele nicht

Familie van Treeck, ca. 1916, Paul van Treeck hinter seinem Vater

verstehen konnten. Am 1. Mai 1916 war Betriebsübernahme. Doch [schon vorher] wurden die Weidezäune ausgebessert, Gerste und Hafer gesät und Kartoffeln gepflanzt. Da ich Ende Februar die Aufnahmeprüfung für das Seminar bestanden hatte und bis nach den Osterferien schulfrei hatte, war ich nun Bauernknecht.

Zur Charakterisierung der Präparandie ein Erlebnis aus der P. 1: Ostern 1916 hatte die Klasse in Deutsch, Mathematik und Geometrie einen Seminarlehrer als Klassenlehrer erhalten. In den beiden letzten Klassen hatten wir einen fleißigen und tüchtigen Lehrer gehabt, bei dem wohl zwölf bis fünfzehn [Schüler] darin *gut* hatten. Bis auf die beiden Klassenbesten, die mit gut, und sein Neffe, der mit befriedigend beurteilt waren, hatten alle, ohne daß eine Arbeit geschrieben war *ausreichend*. Sein Deutschunterricht war außer »Tell« [das] Aufgeben von Balladen und Gedichten. Bei den *Kranichen des Ibykus* –

23 Strophen zu 8 Zeilen kam ich dran, blieb stecken, »setzen, 5«, nach zehn Minuten dasselbe. Nach der Stunde bat ich ihn, mich vom freiwilligen Rotkreuzdienst am Bahnhof zu befreien. In der letzten Stunde Mathematik machte er mich herunter und warf mich aus der Klasse. Auf dem Weg zum Direktor ließ er mich zurückholen. Begrüßung: »Ich habe dich holen lassen, damit, wenn du in der Seminaraufnahmeprüfung nichts kannst, nicht sagen kannst, ich hätte dich aus der Klasse geworfen.« In Mathematik und Geometrie ließ er alle Aufgaben von Schülern vormachen. Nun konnte ich alle Aufgaben und zeigte bei jeder, Ellenbogen auf der Bank, auf. Dran kam ich zunächst nie. Als aber eine Mathematikaufgabe – eine Gleichung aus einem Text aufstellen und lösen – niemand und er selbst auch nicht lösen konnte, durfte ich kommen mit der Begrüßung: »Ich will mal sehen, ob du das kannst?« Ich konnte. In der Seminarprüfung erhielt ich dieselbe Aufgabe und die, das Dreieck zu berechnen aus den drei Seiten, eine Formelreihe, die man sich einpauken muß. Da er sie uns mit dem Lösungsbuch in der Hand, also rein abgeschrieben hatte, habe ich gemeint, er wird nicht so charakterlos sein, dir diese Aufgabe zu geben. Als ich ihm sagte, ich könne sie nicht, meinte der Mitprüfer, ein strenger, tüchtiger Religions- und Mathematiklehrer: »Geben Sie ihm eine andere Aufgabe!« Antwort: »Nein, das muß er können!« Trotz dieses Hasses hat er aber sein Ziel nicht erreicht. Ich darf annehmen, daß die bestimmt gute Klassenarbeit und Stellungnahmen des Zweitprüfers, bei denen ich eine gute Nummer hatte, geholfen haben. Übrigens, ich war in Elten als einziger Schüler als Querpfeifer bei der Feuerwehrkapelle.

Bei Kriegsbeginn hatte ich nicht gedacht, noch in ein solches Völkermorden hineingezogen zu werden. Jedoch nach gut zwei Jahren wurde ich zur Infanterie gemustert und am 16. November 1916 nach Weeze zum Ausbildungsdepot des [Infanterie-Regiments] I. R. 56 eingezogen, deshalb nach Weeze, weil ich gewünscht hatte heimatnah

Paul van Treecks Eltern, Josef und Karoline van Treeck, 1931

zu sein. Alte Bekannte traf ich hier nicht. Bei der Ausbildung waren wir werktags bis 20 Uhr, sonntags bis 14 Uhr im Dienst. Urlaub gab es selbst Weihnachten nicht. Auf meinen diesbezüglichen Antrag sagte mein Feldwebel, ich solle diesen nach Verlegung in die neue Garnison, die für Anfang Januar vorgesehen war, beantragen. Abwechslung gab es durch einen Besuch Vaters, der mich mit seinen Dienstkollegen Bäckermeister Bongarts und Lehrer Pauels besuchte. Am 6. Januar 1917 ging's ab nach Hamm und nach Tagen weiter zum Sennelager bei Paderborn, das der Herrgott schuf in seinem Zorn. Hier wurden wir Rekruten mit gedienten Soldaten zu einer Sturmdivision zusammengestellt und hart hergenommen im Steckrübenwinter 1916/17. Ich gehörte der 5. Kompanie des I. R. 458 an, bei der ich keinen alten Bekannten hatte. Anschluß fand ich bei Kameraden der Infanteriekompanie, unter anderem bei meinem

14

alten Schulwegkameraden und späteren Gehilfen auf dem elterlichen Hofe, Gerhard Hüßmann und anderen aus dem Gelderland. Am 12. April ging's ab nach Frankreich, wo wir in einem Dorf bei Cambrai in Privathäusern in kleinen Gruppen untergebracht wurden. Der Dienst war hier schon viel angenehmer und die Kost besser.

Am Morgen des 20. April zogen wir durch die sehr gut ausgebaute Siegfriedstellung in Richtung Somme-Front, die aufgegeben war.[2] Die nachrückenden Engländer sollten im freien Gelände nur aufgehalten werden. Unser Zug wurde auf den Rand eines weiten Tals eingewiesen, den der Feind gut einsehen konnte. Kaum lagen wir in Schützenlinie auf dem freien Feld, erhielten wir auch Artilleriebeschuß. Eine Granate schlug zwei Meter vor mir ein, verletzte mich aber nicht. Gegen Abend verlegte man uns im rechten Winkel zur ersten Linie auf die flache Höhe, und [wir] mußten uns in Zweimannlöchern im Abstand von etwa zehn Metern eingraben. In der Nacht war es ruhig. Am 21. sahen wir bei Tagesanbruch den in Schützenlinie heranrückenden Engländer. Mein Kamerad und ich, als Rekruten auch unerfahren, fühlten uns verpflichtet, sie durch Gewehrfeuer von uns fern zu halten, andere Waffen fehlten uns. Der Engländer antwortete mit Artilleriebeschuß. Nach kurzer Zeit erhielt mein Kamerad einen Granatsplitter-Kopfdurchschuss – tot –, ich einige Minuten später einen Granatsplitter durch Nase und rechte Wange. Da ich stark blutete, dachte ich, mein letztes Stündlein sei gekommen, blieb aber gut bei Besinnung. Deshalb verband ich mich zusätzlich noch mit Verbandszeug meines toten Kameraden. Da ich weiter blutete, also Verblutung befürchten mußte, packte ich all meine Klamotten zusammen und auf ging's *Sprung auf lauflauf und [alle] zwanzig bis dreißig Meter hinlegen* im Feuer des Engländers und einer Hilfe bringenden deutschen Schützenlinie. Auf dem Weg zum

---

[2] Zur militärischen Lage, siehe Anmerkungen auf Seite 58

Feldpostkarte aus dem Jahr 1917: Graincourt, vermutlich das stark beschädigte
Schloss mit Verbandsplatz

Verbandsplatz übergab ich einem unbekannten Kameraden Gewehr
und Koppel mit Zubehör, da er bei der Flucht alles zurückgelassen
hatte. Nach etwa einer halben Stunde erreichte ich schwankend den
Verbandsplatz im Keller des Schlosses in Graincourt.

Dort fragte mich der behandelnde Unterarzt nach meinem Heimat-
ort. Als ich Straelen nannte, sagte er: »Da ist mein Bruder Kaplan.« –
Thielen –. Von den nächsten Stunden weiß ich nur, daß ich mit
Lastwagen in ein Lazarett in Cambrai gebracht wurde. Nach einigen Tagen wurde ich nach Valencienne verlegt. Dort überlegten die
bayerischen Ärzte, meine Nase zu flicken, aber statt dessen erhielt
mein Bett ein Schildchen mit LZ = Lazarettzug, worüber [ich] nicht
betrübt war. Bei Abnahme des Verbandes hatte ich schon bemerkt
und auch gesagt, daß ich rechts sehr wenig sehen könne; doch ein

Arzt konnte mit einem Lichtgerät nichts feststellen.

Nach einigen Tagen ging es nun mit einem Nachtzug Richtung Heimat. Als wir morgens in Krefeld ankamen, wäre ich am liebsten, da ich nicht mehr bettlägerig war, umgestiegen und nach Straelen gefahren. Der Zug aber fuhr bald weiter, und ich landete mittags im Kloster der Franziskanerinnen in Münster – Sankt Mauritz. Da ich von den etwa 25 Verwundeten allein gehfähig war, mußte ich für [den] Unteroffizier, der für die rein militärischen Angelegenheiten des Lazaretts zuständig war, manche Ausgänge machen und erhielt auf Wunsch Stadturlaub. So besuchte ich dann fast regelmäßig sonntags Schwester Walburga, die Oberin im Borromäum war, um dort gut Kaffee zu trinken. An einem Sonntag erschien Vater, was natürlich eine große Freude für mich war. Als der Verband mein rechtes Auge freigab, stellte ich fest, daß ich hier fast blind war. Bei einer eingehenden Untersuchung [in] der Augen-Raphaelsklinik wurde dann festgestellt, daß die Adernetzhaut stark beschädigt war, die aber durch die nachfolgende Behandlung nicht verbessert wurde. Durch den tiefen Naseneinschnitt und die dick aufliegenden und roten Wangennarben war ich lange Jahre ein »sehr angesehener« Mensch. Eines Tages musste ich einen Brief zum Generalkommando in Münster bringen. Als der Feldwebel mich mit meinem zerschundenen Gesicht sah, sagte er: »Wie, sie haben nicht das EK?« Meine Antwort:»Ich war ja nicht einmal einen ganzen Tag im Einsatz und habe auch nichts besonderes geleistet.« Er darauf: »Sie bekommen das EK!« Unverdient erhielt ich den Orden und hab das Band als Soldat im dritten Reich auch getragen.

Nachdem die Besserung der Sehkraft nicht mehr möglich war, wurde ich Anfang Juli zu meinem Ersatztruppenteil, dem Infanterieregiment 15 in Minden entlassen. Hier machte ich keinen Dienst und bekam Ende des Monats meinen Erholungsurlaub, in dem ich bei der Ernte schon tüchtig helfen konnte. Meine dreijährige Schwester hatte Angst vor mir, wollte nichts von mir wissen und [lief] bei meiner Ankunft fort. Nach Minden zurückgekehrt, wurde ich bei der ärztlichen Untersuchung *felddienstfähig Etappe* geschrieben und zum Landsturmbattalion VII/34 in Krefeld versetzt, das für Ausgebildete Durchlaufstation war, aber auch Rekruten ausbildete; es war wie im Taubenschlag. Als ich beim ersten Appell in der Front stand, rief der Leiter des Depots, Hauptmann Blum mich heraus. Wie ein Rekrut flitzte ich heran und gab auf seine Fragen, besonders bezüglich der Verwundung Antworten. Da mir dieser unruhige Betrieb nicht gefiel, meldete ich mich am nächsten Tag freiwillig zur Versetzung in der Etappe. Doch der Feldwebel sagte: »Sie bleiben hier!« Nach einigen Tagen erhielt ich Achtzehnjähriger eine Gruppe von Auszubilden-den zugeteilt, die meistens viel älter als ich waren. Ich kam mit den Leuten gut aus, und auch der Hauptmann war wohl zufrieden; denn als Anfang 1918 ein Kursus für Gefreite, die Unteroffizier werden sollten, angesetzt wurde, kam ich als einziger Landsturmmann dazu und wurde zum Gefreiten befördert. Dadurch erhielt ich manche Vor-teile: War bei den Unteroffizieren untergebracht, erhielt samstags ab 13 Uhr Sonntagsurlaub, fuhr aber auch ohne Urlaub am Wochenende heim. Da ich dann die Eisenbahn nicht benutzen durfte, fuhr ich mit der Straßenbahn nach Hüls, von dort zu Fuß nach Kempen – sechs-einhalb Kilometer – mit der Kreisbahn nach Straelen und wieder per pedes nach Feldhof – vier Stunden unterwegs. Montags, wenn auf der Eisenbahn keine Militärkontrollen waren, ging's von Nieu-kerk nach Krefeld, wo ich noch pünktlich zum Dienst eintraf. Als Gerhard Anfang Juni 1918 eingezogen wurde, erfuhr Vater durch Traud,[3] die unterwegs den Hauptmann einer Kompanie getroffen hatte, [daß ich] nach Geldern versetzt werden könnte und dann sechs Tage der Woche zu Hause arbeiten und einen Tag Dienst machen

---

[3]Traud war Paul van Treecks älteste Schwester.

müßte. Der entsprechende Antrag wurde sofort genehmigt. Diese Vergünstigung hatten noch etwa zwanzig Wehrpflichtige aus der Umgebung. Im Oktober wurde ich neu untersucht und *felddienstfähig Feld* geschrieben, also zum unmittelbaren Dienst hinter der Front. Am 8. November brach jedoch die Revolution aus, so daß es zur vorgesehenen Versetzung nicht kam. Da die einrückenden Belgier den Jahrgang 1898 angeblich gefangennehmen würden, ging ich Ende November mit der von Geldern abziehenden Kompanie des Infanterieregiments 56 nach Velen. Die Vermutung stimmte jedoch nicht, so daß Vater mich vor Weihnachten dort abholte.

Nun war ich mal wieder über drei Monate »Werks« auf dem Hofe. Im März 1919 erhielt ich die Aufforderung, mich zur weiteren Ausbildung beim Lehrerseminar in Saarbrücken anzumelden. Mit Genehmigung der Besatzungsbehörde – der Rhein war gesperrt – ging ich aber wieder nach Elten und wurde dort auch aufgenommen. In den Pfingstferien konnte ich noch nicht nach Hause. Für die Kriegsteilnehmer wurden alle Freiheitsbeschränkungen aufgehoben und die Unterrichtsfächer zum Teil eingeschränkt, so daß ich Juli 1920 nach drei Jahren Seminarzeit die erste Lehrerprüfung ablegen konnte, bei der mir die mündliche Prüfung geschenkt wurde.

In den Schuldienst kam ich jedoch noch nicht, weil alle Stellen durch Flüchtlingslehrer aus dem Osten besetzt werden mußten, und [ich] so wieder zu Hause tätig wurde. Der Schulrat des Kreises hielt in der Notzeit Schweine und Hühner, so daß er mich bei Vorstellung fragte, ob Vater ihn dabei nicht etwas unterstützen könne, was natürlich gerne getan wurde. Da er mich als Kriegsversehrten besonders berücksichtigen konnte, wurde ich am 20. Januar 1921 mit einer Vertretung in Weeze und ab 1. April 1921 einstweilig eingewiesen. Da Inflation war und ich von meinem kargen Gehalt Kostgeld nicht bezahlen konnte, wohnte ich zu Hause und fuhr täglich, zunächst von Pont, später von Geldern nach Weeze. Gegen 6.00, spä-

Das Lehrerkollegium in Weeze, 1925

ter 6.30 Uhr ging's von [zu] Hause weg und vor 14.00 Uhr konnte ich
heim sein. Im passiven Widerstand vom 11. Januar bis 26. September
1923 durfte von Beamten die Eisenbahn nicht benutzt werden, und so
fuhr ich täglich mit dem Fahrrad etwas nach 6 Uhr los, traf mich um
6.30 mit meiner Kollegin Frl. Lissi Drost und war dann nach 42 km
Trampelei wieder auf Feldhof gegen 14.30 Uhr. Zeitweilig war auch
nachmittags Unterricht. Dann aß [ich] zunächst Butterbrote, dann
aber erhielt ich bei Bäcker Bongarts und Rektor Pauels Mittagessen.
Durch die Inflation war das Gehalt miserabel, oft im Monat gleich
1 ℔ [Pfund] Butter, 1 Billion = 1 Goldmark am Ende der Inflation.
Erst nach Einführung der Goldmark wurden die wirtschaftlichen
Erträge besser, so daß ich in Weeze Wohnung nahm und bei Rechts-
anwalt Janßen eine Zweizimmerwohnung zugewiesen bekam. Ab
April 1925 wohnte ich mit Vetter Heinrich Valentin bei Frau Koenen.

Samstags bis montags früh fuhren wir aber stets heim.

Inzwischen hatte ich nach Besuch der Arbeitsgemeinschaft am 17. Mai 1923 die zweite Lehrerprüfung abgelegt und besuchte ab September 1924 einen Kursus zur Vorbereitung auf das Mittelschullehrerexamen in Düsseldorf in den Fächern Deutsch und Geschichte. Jeden Mittwoch fuhr ich um 1 Uhr per Bahn nach Düsseldorf, besuchte von 15 bis 19 Uhr die Kurse und war dann [um] 21 Uhr, bei Theater- oder Opernbesuch aber 23.30 Uhr in Weeze. Am 1. April 1926 wurde ich endgültig angestellt und bestand am 9. November 1927 das Mittelschullehrerexamen in beiden Fächern mit gut. Nach einem mehrwöchigen Lehrgang beim Regierungspräsidenten in Düsseldorf legte ich am 9. Februar 1929 die Prüfung als technischer Leiter von Lichtbild- und Filmveranstaltungen in Schule und Jugendpflegeveranstaltungen ab – 32 mm.[4]

Da ich inzwischen dreißig geworden war, wurde es langsam Zeit, mich nach einer passenden Frau umzusehen. Im Februar 1929 verliebte ich mich in Lisel Glasmacher, die sich auf einer Fahrt ins Ahrtal mit meiner Schwester Tilla angefreundet hatte und bei der Kollegin Zumkley vom zwölften Lebensjahr aufgewachsen und Vollwaise war. 1918 waren ihre Eltern kurz nacheinander [... gestorben;] sieben Kinder[...] von drei bis siebzehn Jahren [blieben als Waisen zurück ...]. Eine Schwester von Frl. Zumkley, die in Gustorf Lehrerin war, hatte sie in den Haushalt der Mutter der beiden Lehrerinnen vermittelt. Am 6. Januar 1930 verlobten wir uns, und am 26. August 1930 heirateten wir in Oedt, da dort ein Bruder von Frau Zumkley Pastor war. Nach der Hochzeit in einem sehr bescheidenen Rahmen auf Feldhof reisten wir über Gustorf nach Bilstein im Sauerland – vierzehn Tage. Unsere erste Wohnung mit fünf Räumen und Bad war bei Baumann

---

[4]Die Filmbreite von 32 mm ist inzwischen wohl mit den letzten Vorführern ausgestorben.

Offizielles Hochzeitsfoto von Paul und Lisel van Treeck auf Feldhof

in Weeze, Küstersweg 2. In der Nacht vor der Hochzeit war im Nachbarhaus Feuer ausgebrochen, so daß Lisel um 1 Uhr aus dem Bett geholt wurde und sie am nächsten [Tag] hart mitgenommen war. Am 27. Juli 1931 wurde in der Wohnung Jupp ohne Schwierigkeiten geboren. Doch lange blieben wir dort nicht. Am 1. September 1932 sind wir in die Lehrerdienstwohnung, Kevelaerer Straße 28, die unberechtigter Weise von einem pensionierten Lehrer, der gebaut hatte, aber trotzdem nicht räumen wollte, umgezogen. Hier wohnten wir bis [... zur] Kriegszerstörung Ende Januar 1945.

Schon 1924 war ich zum Vorsitzenden der Ortsgruppe Weeze des Zentralverbandes Deutscher Kriegsopfer und Hinterbliebener gewählt worden. Eingeführt in die schwierige Aufgabe hat mich und immer wieder [geholfen] hat mir dabei der beim Versorgungs[amt] Duisburg beschäftigte und in Weeze beheimatete, selbst schwer beschädigte, Albert Eckardt. 1931 wurde ich Kreisvorsitzender des

Die Hochzeitsgesellschaft in Bierlaune (DAB)

Verbandes.

Doch durch die Machtübernahme Hitlers, Januar 1933, wurde ich von dieser Aufgabe bald befreit, denn mit der NSDAP konnte ich mich nicht abfinden, was ich auch bekundete. Im Männergesangverein Weeze, dem ich seit 1927 angehörte, saß mit mir im ersten Tenor der Ortsgruppenleiter der Partei. Bei der Fastnachtsfeier des Vereins im Februar 1933 erschien er zum ersten Male mit dem verbogenen Kreuz. Sofort ging ich zum Vorsitzenden und sagte: »Entweder legt der das Ding ab, oder ich geh nach Hause.« Die Nadel verschwand, doch mein Verhalten blieb nicht ohne Folgen. Da meine Forderung mitgeteilt [worden] war, [... verlor] ich im April 1933 bei der Umschaltung aller weltlichen Organisationen in nationalsozialistische [...] die Vorsitzendenposten. Kurz darauf wurde die Angelegenheit von meinem Nachfolger im Kreisverband, einem alten Kämpfer und meinem früheren Kassierer untersucht. Da im Februar aber noch andere

Weihnachten 1931 mit Jupp

Parteien bestanden, hatten sie Verständnis für mein Verhalten.

Da mein Nachfolger, der aus geschäftlichen Gründen – Wirt – der Partei beigetreten war, von seinen Aufgaben als Ortsgruppenvorsitzender, besonders von der Kriegsopferversorgung nichts verstand, wurde ich sein Schreiber. Bei der nächsten Generalversammlung wurde ich 1934 wieder zum Vorsitzenden gewählt. Bei der Weezer Ortsgruppe waren nur wenige Parteigenossen und kein Nationalsozialist. Bei öffentlichen Auftritten hatten wir keine NS-Fahne wie andere Ortsgruppen und nur ein Mitglied trug eine Hakenkreuzbinde am Arm. Ende 1933 oder Anfang 1934 hatte ein ober-schenkelamputierter Jude mit Eisernem Kreuz erster Klasse dem Ortsgruppenleiter im benebelten Zustand gesagt, »Wir Juden sind durch das Rote Meer gekommen, wir kommen auch durch die braune Sch...« Er wurde von der SS festgesetzt, ich habe ihn nach Hause geholt. Anfang 1944 wurde er aber doch mit Frau und Kind nach Theresienstadt geholt, kam aber doch nach Kriegsende nach Weeze zurück.

Mit der Partei habe ich mich nie abfinden können. Die Haken-kreuzfahne habe ich erst ausgehängt, als es durchaus nicht mehr anders ging. In den NS-Lehrerverband wurde ich wohl als einziger Lehrer des Kreises lange Zeit nicht aufgenommen. Am 11. November 1934 waren keine Häuser in Weeze so mit »Ja für Hitler als Reichskanzler und Reichspräsident«, mit Klebestreifen und mit Kalk an den Fenstern [...] beschmiert, wie das unseres Gegenübers, des Bürgermeisters, des jüdischen Nachbarn und unseres. Daß ich bei diesem Verhalten mein Ziel, Hauptlehrer oder Rektor zu werden, nicht erreichen konnte, dürfte selbstverständlich sein. Bei Wahlen haben Mutter [Pauls Frau Lisel] und ich auswärts – Straelen, Pont, Aldekerk, stets gegen Hitler gestimmt.

Am 31. Dezember 1933 wurde Mutter durch eine unnötige Zan-gengeburt – Arzt Morphinist – von Maria entbunden. Die folgenden Monate waren für uns eine sehr schwere Zeit. Zwei Tage nach der Geburt bekam Mutter infolge einer Lungen- und gleichzeitigen Rippenfellentzündung immer höheres Fieber. Am 6. Januar 1934 holte der Hausarzt einen Internisten aus Kleve, der sehr bedenklich sich äußerte. Mutter hatte keinen Mut mehr und hatte wohl auf-gegeben. Doch sie überstand die Krise im Hause. Vierzehn Tage nach der Geburt bekam sie Blinddarmentzündung, so daß sie im Weezer Krankenhaus operiert werden mußte. Hinzu kam noch, daß [mein] Vater seit zwei Jahren an Darmkrebs litt und am 18. Februar

1934 starb. Bruder Thei war schon einige Monate vorher mit seinem Leichtmotorad gestürzt, wobei das auslaufende Benzin durch die Karbidlampe Feuer fing und ein Drittel seiner Haut eine Verbrennung dritten Grades davontrug. Mutter konnte trotz guter Hilfe und ärztlicher Betreuung nicht auf den Damm kommen. Auf mehrseitiges Anraten fuhren wir deshalb im Juli mit Jupp im Fahrrad zum Homöopathen Hagt [Haag?] in Pfalzdorf. Nach kurzer Unterhaltung fragte er: »Wen soll ich beraten?« Lisel mußte ihre Hand zeigen, worauf er sagte: »Sie haben eine schwere Geburt hinter sich, ihr Herz geht wie ein Lämmerschwanz, manchmal bekommen Sie Magenkrämpfe mit Durchfall und ihre Niere ist nicht in Ordnung, aber das alles bekommen wir in etwa sechs Wochen wieder in Ordnung.« Mutter durfte sogar leicht arbeiten und nach sechs Wochen war alles weitgehend behoben. In den nachfolgenden Jahren hat Mutter noch weiter leiden müssen. Etwa 1936 verlor sie nach drei Monaten eine Leibesfrucht. 1938, am 17. März, wurde Lorenz ohne besondere Beschwernisse geboren. 1940/41 spürte sie nach viereinhalb Monaten Schwangerschaft wieder Leben. Nach etwa vierzehn Tagen bekam sie eine Blutvergiftung zwischen den Zehen des rechten Fußes, spürte aber kein Leben mehr. Letzteres wollten die Ärzte aber nicht glauben und behaupteten, in einem solchen Falle würde die Frucht stets von selbst abgehen. Erst nach der zweiten Blutvergiftung am anderen Fuß wurde das verweste Kind geholt. Anschließend benötigte Mutter eine lange Zeit zur Erholung [von] dieser bösen Sache. Auch wurde versichert, daß sie keine Kinder mehr bekommen würde.

In den beiden letzten Jahren vor Kriegsbeginn wurde ich vom 1. bis 28. Juli 1938 und vom 1. bis 28. Februar 1939 zu einer Übung beim Wehrmachtsamt Geldern einberufen. Bei der ersten durfte ich Listen abschreiben, eine Kartei ordnen und einem Unteroffizier seine Berichte durchsehen. Bei der zweiten war ich etwa eine Woche Schreiber beim Unterarzt und mußte *o. B.* und *6m* usw. in die Karten

Pause im Garten des Schützenhauses 1938

eintragen. Hier gab mir ein junger Feldwebel den dienstlichen Befehl Zigaretten zu holen, weil er vor den höheren Chargen keine Ehrenbezeugungen machen wollte. Da ich die Ausführung verweigerte, zeigte er mich beim Leiter des Amtes, einem aktivierten Rektor und Hauptmann an, der aber nach einem längeren Disput einsah, daß Zigarettenholen kein Dienst ist. Auch hatten wir älteren Gedienten sonntags Dienst im Grenzschutz, wobei ich Rechnungsführer sein sollte. Als am 1. September 1939 der zweite Weltkrieg ausbrach, war ich eine Woche als Schreiber bei der Autobeschaffungskommission in Geldern eingezogen. Doch lange währte die Freiheit vom militärischen Dienst nicht. Am 28. März 1940, einem Karfreitag, wurde ich nach Soest eingezogen. Jupp ging Weißensonntag zur ersten heiligen Kommunion, alle Väter der Klasse waren dabei, nur ich nicht, der Klassenlehrer. Nach einigen Tagen kamen wir nach

Paul und Lisel van Treeck mit Maria, Lorenz und Jupp im Sommer 1940

Duisdorf bei Bonn zur Landesschützenkompanie 2/466. Von dort wurden polnische Kriegsgefangene aus der Westfalenhalle in Dortmund abgeholt. Zwei Kameraden und mir, dem Kommandoführer, wurden etwa dreißig Mann zugeteilt, die mit uns nach Notberg bei Eschweiler zum Einsatz in der Landwirtschaft transportiert wurden. In einem Nebengebäude der dortigen Zeche mit einem größeren Raum für die Gefangenen und einem kleineren für uns richteten wir uns soweit es ging häuslich ein. Für die Verpflegung mußte der Ortsbauernführer sorgen. Nach vier Wochen erhielt ich Sonn-

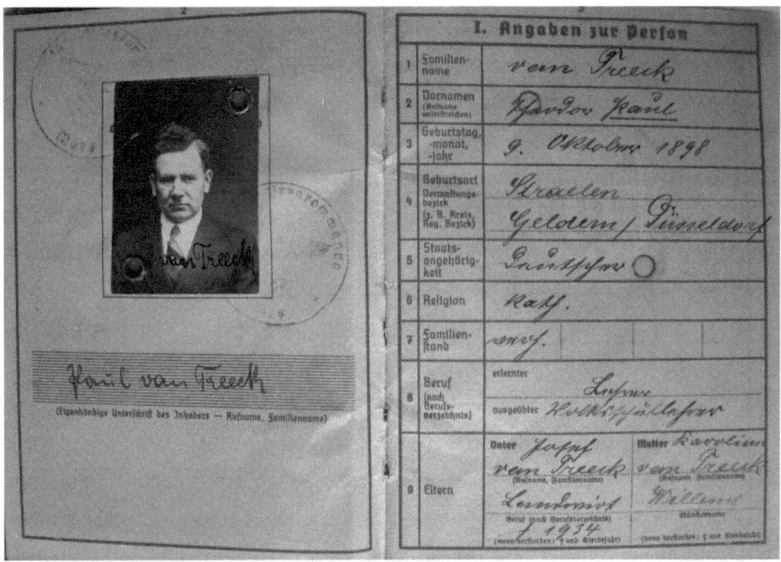

*Paul van Treecks Wehrpass, ausgestellt am 2. August 1937 vom Wehrbezirks-
kommando Moers*

tagsurlaub und fuhr auf Anordnung feldmarschmäßig nach Weeze,
von dort nach Duisdorf und am nächsten Tag als Kreiskommando-
schreiber wieder nach Eschweiler. Hier wohnte ich mit voller Verpflegung und Familienanschluß bei dem Lebensmittelladen Stamms.
Der Dienst war mit dem Kommandofeldwebel, einem St.-Führer,[5]
sehr gemütlich. Gegen 9 Uhr hatte ich meine Schreibaufgaben oft
erledigt. Mutter besuchte mich einmal, und alle drei bis vier Wochen
fuhr ich in Sonntagsurlaub. An den anderen Wochenenden stand
mir das Dienstrad des Feldwebels zur Verfügung. Damit besuchte
ich zweimal Schwester Karola in Zülpich, einmal Tante Ria Zumkley

---

[5]Da es sich um einen Feldwebel handelt, ist diese Abkürzung vermutlich als
Sturmscharführer zu lesen.

in Gustorf, zweimal Vonderheckens in Aachen und verschiedentlich fuhr ich in die schöne Umgegend. Anfang August erfuhr ich, daß Lehrer meiner Dienstfähigkeit entlassen werden könnten. Was hatte ich Eiligeres zu tun, als zum Schulrat zu gehen und ihn zu bitten, meine Entlassung zu beantragen. Mitte September 1940 wurde die Kompanie von der Gefangenenbewachung abgelöst, nach Brakel in Westfalen verlegt, hinter der Front in Rußland eingesetzt und ist dort in Gefangenschaft geraten. Von den Kameraden haben nur wenige die Heimat wieder gesehen. Ich wurde dort vor Entlassung noch zum Unteroffizier befördert und am 22. September 1940 entlassen.

Nun war ich wieder Lehrer in Weeze und konnte meinen gewohnten Aufgaben nachgehen. Doch Anfang Juni 1942 erhielt ich unerwartet eine verantwortungsvolle Aufgabe. Der Regierungspräsident ordnete mich nach Pfalzdorf ab und beauftragte mich, vertretungsweise die Hauptlehreraufgaben an der vierklassigen Schule, Parteiaufgaben zu übernehmen und dabei dort zu wohnen. Laut Verfügung hatte ich mich vor Dienstantritt dem Bürgermeister, der auch NSDAP-Ortsgruppenleiter war, vorzustellen. Als ich ihn dieserhalb anrief, sagte ich ihm in der Hoffnung, abgelehnt zu werden, daß ich nicht Parteigenosse sei und Ämter darum wohl nicht bekommen könne. Wie ich später erfuhr, war er sehr enttäuscht, sagte aber: »Treten Sie sofort die Stelle an!« Der Regierung teilte ich mit, daß ich in Weeze wohnen bleiben würde, da ich meine Frau mit drei Kindern nicht alleine lassen könne. Antwort habe ich nie erhalten. So fuhr ich nun täglich gegen 7 Uhr los und kam gegen 13.30 Uhr zurück. Meine drei Mitarbeiterinnen waren so gesonnen wie ich, obgleich eine evangelisch war.[6] Ich übernahm die Oberklasse, siebtes und

---

[6]Pfalzdorf ist eine protestantische Enklave am katholischen Niederrhein. Man hätte durchaus mehr evangelische Lehrkräfte erwartet. Welcher implizite Widerspruch liegt hier wohl dem »obgleich« zugrunde?

achtes Schuljahr, Mädchen und Jungen, also eine vollständig neue Situation. Mein Vorgänger hatte für Religion Kartoffelkäfersuche eingesetzt, was ich nach und nach änderte, und angezeigt wurde, was aber ohne Erfolg blieb. Zwei Aufgaben hat man mir doch angedreht: Ich wurde Ortslumpen- und Heilkräutersammler.

Noch einige Besonderheiten aus dieser Zeit: Mitte 1944 hatte die evangelische Junglehrerin Revision durch den Schulrat des Kreises Rees [Dr. Böhmer], der Kleve vertrat, den ich zum Bahnhof Goch begleiten mußte. Unterwegs sagte er: »Bewerben Sie sich doch um die freie Hauptlehrerstelle.« Ich: »Herr Doktor, das hat wohl keinen Zweck, denn ich bin nicht in der Partei.« Darauf er: »Sie sind doch national zuverlässig.« Meine Antwort: »Jawohl, Herr Doktor.« Er war aber wohl genauso unzuverlässig wie ich, denn obwohl er das verbogene Kreuz trug, blieb er wie wenige im Amt, und ich wurde 1946 sein Nachfolger.

Nach dem Verlust von Stalingrad und dem Rückzug in Russland hatte ich in der ländlichen Fortbildungsschule, bei der ich sowohl in Weeze und Pfalzdorf den vollen Unterricht gab, nicht wie vorgeschrieben die tagespolitischen Ereignisse besprochen. Bei einer Bauernversammlung, die ich mit den Schülern besuchte, fragte mich der Bürgermeister, warum ich [...] diese nicht behandelt hätte. Meine Antwort: »Die scheinen mir reichlich unerfreulich zu sein.« Nach vierzehn Tagen hatte ich eine Vorladung zu einem anderen Schulrat in Kleve. Da ich den Grund ahnte, ließ ich in der nächsten Stunde die Europakarte aufhängen und forderte die Jungen auf, sich zu den Vorgängen an der Ostfront zu äußern. Die Antworten fielen entsprechend den Zeitungsberichten aus. Bei der Vernehmung konnte ich dem Schulrat also sagen, daß ich das Versäumnis nachgeholt hätte. Dann mußte ich meine nationalen Verdienste aufzählen. Bemerkung: »Ich wollte, ich hätte diese Verdienste.« Es war wohl ein Parteigenosse, der nicht so recht an die Verwirklichung des tausendjährigen Reiches glaubte.

Wenn ich Unterricht in [der] Ländlichen Fortbildungsschule hatte, aß ich bei Bäckermeister und Lebensmittelgeschäft van Dornick. Dort traf ich einmal einen Dr. Dr. Jansen, den die Nazis in Allenstein als Bürgermeister abgesetzt hatten. In der Unterhaltung lernten wir uns als Nazigegner kennen. Da er nach der Eroberung von Kleve dort Landrat wurde, darf ich wohl annehmen, daß er mich als Bürgermeister in Weeze vorgeschlagen hat.

Anfang September 1944, als Deutschlands Gegner Belgien und die Niederlande erobert hatten, wurde ich mit meinen Schülern zum Ausbau einer Verteidigungslinie für einige Tage eingesetzt. Die Schule wurde durch eine für die Wehrmacht arbeitende Sattlerei belegt, so daß der Unterricht ausfallen mußte.

Ich war also frei und so zogen wir mit Tante Ini und Grete[7] nach Feldhof bis Ende November. Dort waren ein Holländer und ein Pole fortgelaufen. Da Schwager Tön gehbehindert war, wurde ich »erster Bomester«. Mit ungewohnten schweren Stiefeln und drei Pferden mußte ich pflügen und andere schwere Arbeiten erledigen. Abends konnte ich oft kaum noch stehen. Da auf dem Hofe große Enge [herrschte] – Schwester Karola mit vier Kindern – und ich in Pfalzdorf den Unterricht aufnehmen mußte, gingen wir wieder nach Weeze. In Pfalzdorf wurde der Unterricht nun in Privathäusern mit jeweils acht bis zehn Kindern erteilt. Da die Eisenbahn kaum noch fuhr, mußte ich den Weg mit [dem] Fahrrad zurücklegen.

Am 5. Dezember 1944 wurden alle Dorfbewohner Weezes nach Thüringen evakuiert. Als Wehrpflichtiger mußte ich aber bleiben, so erdreisteten sich Lisel mit den Kindern, Tante Ini, Grete, Frl. Eiserloh und andere, gegen alle Anordnungen der Gauleitung zu bleiben. Ein

---

[7]Ini und Grete sind Paul van Treecks Kollegin Ini Zumkley und ihre Haushälterin Grete Jendritzki.

NSDAP-Amtsleiter stellte Lisel einmal zur Rede, worauf sie antwortete: »Wo mein Mann sein muß, bleibe auch ich.« Weeze wurde zur verbotenen Zone erklärt mit der Drohung: »Wer ohne Ausweis angetroffen wird, kann erschossen werden.« Am zweiten Weihnachtstag kamen zwei Feldgendarmen ins Haus und forderten zur Evakuierung auf, die verweigert wurde. Da wir für Januar keine Lebensmittelkarten mehr erhielten, meldete ich die Familie aus der roten Zone in die grüne nach Pfalzdorf um. Ich mußte dort weiter unterrichten, erhielt auch die Karten und konnte durch van Dornick soviel Lebensmittel mitbringen, wie wir sie vorher nie erhalten hatten.

Ende Januar 1945 kam Weeze von der Maas aus in den Schußbereich der feindlichen Artillerie. Auch durch Fliegerbeschuß wurde es auf den Straßen immer gefährlicher, so daß wir im Straßengraben oft Deckung suchen mußten. Am 31. Januar besuchte Lisel Frau Kempkes auf Schloss Wissen im Wochenbett. Dabei traf sie Frau Gräfin von Loë, die ihr sagte: »Wenn sie mal nicht mehr in ihrer Wohnung bleiben können, kommen sie nur nach hier, wo sie unter dem Schutz des Roten Kreuzes im Schloß stehen« – Verbandsplatz. In der nächsten Nacht erhielt Weeze starken Artilleriebeschuß. Wir gingen mit Tante Ini, Grete und einer Einquartierung in den kleinen, aber gegen Granatfeuer sicheren Keller. Die Geschosse, die wohl auf die 50 m südliche Straßenkreuzung gezielt waren, schlugen in unseren Garten und dann 50 m weiter auf dem Marktplatz ein. Der Soldat meinte, an der Front wäre es nicht so schlimm gewesen. Unser Garten war gepflügt, die Bäume zerfetzt, das Dach hatte große Löcher und keine Glasscheibe war noch ganz. So sahen wir uns genötigt, das Angebot der Gräfin anzunehmen.

Familie Kempkes räumte für uns [und] die Zumkleys – sieben Personen – ein großes Zimmer, das wir notdürftig einrichteten. Wir schliefen in den geräumigen Kellern eines Nebengebäudes auf Strohsäcken, Männer und Frauen so, daß die Paare zusammen, aber Mann

Schloss Wissen, Hauptgebäude 1945. Dieser (neue) Teil des sog. Quarrés wurde in den 60er Jahren abgerissen

neben Mann, Frau neben Frau lagen. Die Kinder schliefen in einem anderen Keller. Vor dem Zubettgehen ging Frau Gräfin durch die Keller und erkundigte sich nach den Sorgen und Wünschen der Leute. Das eigentliche Schloß war Verbandsplatz und Lazarett, doch wohnte noch die Gräfin mit einem Teil ihrer Kinder dort. Da nichts mehr amtlich bewirtschaftet werden konnte, jeder gut versorgt und Gut Neuhaus in unmittelbarer Nähe war, konnten wir uns sehr gut versorgen. Es war eine echte Notgemeinschaft von sechzig Personen. Angenehm war der Lazarettbetrieb mit dem Soldatenbetrieb nicht. Die Kinder sahen die Einlieferung der Verwundeten und die Bestattung der Toten, die auf einem zweirädrigen wackligen Wagen

Schloss Wissen, Blick nach NW. Im Vordergrund über dem Wasser, die Fenster zum Keller, in dem Familie von Loë zeitweise wohnte

nackt unter einer Hakenkreuzfahne im Schloßgarten in ein Massengrab gelegt wurden. Ab und zu fuhren wir nach Weeze und holten uns das, was wir benötigten und uns wertvoll schien. Im Februar erlebten wir die schweren Kämpfe nördlich von Weeze indirekt mit. Der Kirchturm wurde gesprengt, und das Lazarett wurde etwa am 25. Februar 1945 geräumt. Statt dessen zog der Stab des Generalleutnants Erdmann, eines sehr verbitterten Kämpfers ein. Zum Glück wurde das rote Kreuz auf dem Dach nicht entfernt.[8] Am 1. März, als auch der Stab abgezogen war, bat mich die Gräfin, mit meiner Familie das Kartenzimmer des Schlosses zu beziehen, um männlichen Schutz zu haben. Am Morgen des 2. März 1945 war es

---

[8]Dieser Missbrauch von Schutzzeichen war ein klarer Bruch des Völkerrechts.

Blick nach SW auf den Renteiflügel von Schloss Wissen, die alte Wassermühle
und die Boyen (v. l. n. r.)

unheimlich still in der Umgebung. Wir waren auf der Lauer und
sahen plötzlich auf der östlichen Seite der Niers vorsichtig vorrücken-
des englisches Militär.[9] Sofort hängten wir weiße Laken aus. Gegen
Mittag rückte schon ein großer englischer Stab ein und quartierte
alle Bewohner des Schlosses in die Arbeiterwohnungen Wissens, die
Boyen, um. Wir konnten unsere Habseligkeiten mitnehmen. Da
ich eine schwere Kiste mit unserem guten Porzellan mit Jupp allein
nicht aus einem Keller hoch bekommen konnte und englische Hel-
ferinnen mir versicherten, ich könne sie später abholen, ließ ich sie
stehen. Wir sahen es etwas später auf einem gedeckten Tisch im
Schloß zum letzten Mal. Wir waren bei Kannenberg, einem Bauern

---

[9]Zur Lage in Weeze, siehe Seite 61

sehr eng untergekommen, schliefen auf dem Söller wie im Keller und durften uns auch in der nächsten Umgebung bewegen.

Am Samstag, dem 10. März 1945 hatte ich Jupp nach Kervenheim geschickt, um Pastor Mütter abzuholen. Ich fegte gegen 11 Uhr den Platz zwischen [den] Wohnungen. Da fuhr ein englischer Jeep vor, der mich suchte. Frau Gräfin mußte dolmetschen, und so erfuhr ich, daß ich Bürgermeister von Weeze werden sollte. Ich wollte nicht und schlug Pastor Mütter vor. Der englische Offizier blieb aber bei seiner Forderung, lud mich in seinen Jeep und fuhr mich zur Kommandantur in Kevelaer. Hier mußte ich einen Fragebogen über meine Tätigkeit im dritten Reich und die Zugehörigkeit zu NS-Organisationen ausfüllen und erhielt ein Schreiben, mit dem ich zum Bürgermeister von Weeze ernannt wurde. Nach Hitlers Befehl sollte mich nun jeder Deutsche umbringen. Ich kam nach Weeze und fand im Ort nur Trümmer, die Kirche, das Bürgermeisteramt und viele Wohnungen zerstört, die Straßenkreuzungen gesprengt und Häuser in Löcher geschoben, kein Haus mehr unbeschädigt. Es war zum Weinen. Ich habe gedacht, das Elend werden wir kaum in unserem Leben überwinden können. Es blieb aber nur eins übrig, anzupacken!

Die zu den Bauern und in die benachbarten Orte Geflüchteten waren bald wieder in ihren Häusern, die sie notdürftig herrichteten. Meine erste Aufgabe war, das Bürgermeisteramt etwas wettersicher zu machen und Schreibhilfen zu gewinnen. Maria Beckers, früher kaufmännische Angestellte, Hanni Halmans und Hedi Pickmann, beide aus der Verwaltung kommend, konnte ich einstellen. Auch Peter Strick, Gemeindesekretär in Weeze half bald meinen mir bis dahin unbekannten Aufgaben nachzukommen. Die Herren Martens, Knops – Metzgermeister – und Maas wurden Hilfspolizisten, die etwas für Ordnung sorgten. Es waren schwierige Aufgaben zu erfüllen. Beispiele: Das tote Vieh in Weiden und Feldern mußte von Arbeitern mit mangelhaften Geräten vergraben oder mit Pferden wegen der Seuchengefahr in Bomben- oder Granatlöcher geschleppt werden. Die von der Wehrmacht verursachten Löcher der Straßenkreuzungen waren zwar behelfsmäßig zugeschoben worden, mußten aber verkehrsmäßig hergerichtet werden. Am Ostermontag hatte ich Auftrag, die Straßengabelung Wasser-, Kevelaerer, Bahnstraße zu räumen. Besondere Schwierigkeiten bereitete Eckards Klavier, damit der Peddegraben wieder durchfließen konnte.[10] Von den Zementwerken in Issum erhielt ich einige große Betonrohre. Die Engländer hatten erfreulicherweise den Schutt des Kirchturms zur Herstellung des Dammes der Umgehungsstraße gebraucht und auch die Brücke hergerichtet. Die Engländer forderten trotz der Notlage zwanzig Arbeitskräfte, erhielten zunächst vierzehn, dann immer weniger und waren doch zufrieden. Damit ich beweglich wurde, erhielt ich von Hermann Cose dessen DKW, den er unter Stroh versteckt hatte, so daß ich mir beim Landratsamt in Geldern Rat und Hilfe holen konnte. Später wurden mir vier Maurer aus Wankum zugeteilt, die Weezern beim Aufbau halfen und im Krankenhaus unterkamen. Nachdem ich eine Ziegelei durch Weezer Arbeiter wieder in Ordnung gebracht und den Arbeitern dort Ferkel besorgt hatte, erhielt ich 40 000 Dachziegel. Vielfach wurden die Dächer auch mit Blech dicht gemacht. Alle Heimkehrer fanden so eine Unterkunft. Wir wohnten zunächst bei Kannenberg.

Die Sonntagsmesse wurde einige Male vor dem Hause Schumacher

---

[10]Dazu Jupp van Treeck: Katharina Eckard (»Tante Käthe«), Tochter des örtlichen Metzgers spielte viel und hervorragend Klavier. Dieses Klavier hatten die englischen Truppen aus dem beschädigten Haus in den Bombentrichter vor dem Haus geschoben. Auch der Päddegraav (Krötengraben) war unterbrochen und floss nun in den Trichter auf der Straße statt in die Niers – daher der Auftrag: Klavier retten, Graben kanalisieren und dann die Straße wiederherstellen.

und im Sägewerk gehalten. Mitte April räumten die Engländer das
Haus von Zumkleys, und ich konnte mit Anhang dort einziehen. Ein
schlimmer Tag war für mich der 8. Mai – Friedensschluss –. Ein englischer Sergeant kam vom benachbarten Haus von Matthias Geenen
angetrunken herüber und wollte mich wohl umbringen. Jupp gelang
es aber mit seinen geringen Englischkenntnissen, ihn zu beruhigen,
so daß er von mir abließ. Sonst aber waren die meisten Soldaten uns
und besonders den Kindern gegenüber sehr wohlwollend. Obgleich
sie es nicht durfte, versteckte die im Haus van de Locht unterge-
brachte Küche Weißbrot, Fleischbüchsen und Seife unter der Hecke,
so daß wir diese finden mußten. Anfang Juni räumte die Besatzung
die Wohnung von Matthias Geenen an der Kevelaerer Straße, so
daß wir mit dem Besitzer und Frau Scheulen darin einziehen konnten. Hier mußten wir zunächst einen schweren Gaul auf dem Hof
verscharren.

Immer mehr Weezer kehrten zurück. Die heilige Messe wurde
zuerst im Hause Schreckenberg gefeiert, wobei Mutter wie in Wissen Stehkreuz und Kerzenständer zur Verfügung stellte. An einigen
Sonntagen wurde dann das Jugendheim in Gemeinschaftsarbeit wieder einigermaßen hergerichtet. Weil der Raum aber zu eng wurde,
kaufte die Pfarre Weeze mit meiner Vermittlung die Segelflieger-
halle – November 1945 – auf der Hees, woraus dann die Notkirche
entstand. Ende Juli sollte ich schon abgelöst werden, doch die Engländer waren dagegen. Am 1. Juli sollten die Schulen wieder beginnen.
Da für den Kreis Geldern kein Schulrat ernannt worden war, fragte
mich Landrat Deisinger, ob ich keinen Rektor wüßte, der nicht in der
Partei war. Außer meinem Rektor Pauels gab es keinen, der aber war
noch nicht zurück aus der Evakuierung. Ich erklärte mich deshalb
bereit, den notwendigen Briefverkehr zu übernehmen. Ich unter-
schrieb: *Der Schulrat, in Vertr. van Treeck, Lehrer.* Am 1. Oktober
1945 trat dann Schulrat Maas aus Mühlheim den Dienst an.

Anfang August verlangten die Engländer einen Stimmungsbericht. Ich berichtete darin vor allem, wie schlecht sich einzelne Soldaten benommen hatten: Sie zerschlugen Möbel, Lampen und verschleppten wertvolle Sachen, brachen die Schatzkammer in Schloß Wissen auf und leerten sie. Der letzte Satz lautete: »Nach all diesen Vorkommnissen kann kaum noch jemand glauben, daß die neue Kultur, die von England kommen soll, von England kommen kann.«[11] Als Landrat Deisinger den Bericht gelesen hatte, sagte er: »Den kann ich nicht abgeben, man wird sie einlochen!« Darauf ich: »Geben sie den ab, ich ändere ihn nicht, dann gehe ich eben vierzehn Tage hinter schwedische Gardinen!« Der Bericht wurde so abgegeben. Nach etwa drei Wochen sprach dann Kreiskommandant Futter mit seiner Dolmetscherin auf dem Bürgermeisteramt vor. Futter über die Dolmetscherin: »Wie konnten Sie so einen Bericht abgeben? Wenn sie das bei den Nazis getan hätten, wären sie doch ins Konzentrationslager gekommen.« Ich: »Herr Major, das weiß ich ganz genau, aber ich nehme an, daß sie als Demokrat eine freie Meinungsäußerung ertragen können.« Der Major: »Sie wollen ja gar nicht Bürgermeister werden?« Meine Antwort: »Nein, wenn ich abgelöst werde, fange ich da«, dabei zeigte ich auf die Schule, »wieder an.« Futter: »Ich werde sie als Schulrat vorschlagen.« Wie ich später erfahren habe, bin ich das auch auf seinen Vorschlag geworden. Bürgermeister mit Lehrergehalt bin ich bis 31. Dezember 1945 geblieben. Nach drei Wochen Ferien trat ich am 21. Januar 1946 wieder in den Schuldienst ein. Schulrat Maas hatte mir sofort versprochen, mich zum Rektor vorzuschlagen. So bewarb ich mich denn um die freie Rektorenstelle in Geldern gegen den Wunsch des Schulrats, der mich nach Straelen haben wollte. Der Stadtrat aber wählte mich, und am 6. Mai trat ich

---

[11]Diese bemerkenswerten Stimmungsberichte sind leider nicht erhalten – mehr dazu im Anhang auf Seite 63.

die Stelle auf Ernennung der Regierung an. Die Schulverhältnisse waren katastrophal – Gymnasium, Berufsschule und Volksschule mußten sich die Schule auf dem Westwall teilen, so daß die letztere nur an drei Tagen der Woche Unterricht hatte. Ich hatte mir ein drittes Schuljahr mit 84 Jungen zugeteilt. Anfang Juni erhielt ich unerwartet eine Aufforderung von der Regierung, mich dort am 10. Juni 1946 um 10 Uhr vorzustellen. Auf meine Frage, warum ich vorgeladen wäre, sagte der juristische Regierungsrat: »Sie sollen Schulrat im Kreise Rees werden.« Auf meine Frage, was ich zu tun hätte, antwortete er: »Reichen sie ihre Bewerbung mit üblichen Unterlagen beim Oberkreisdirektor in Wesel ein.« Nach einigen Minuten stand ich wieder vor der Tür. Da ich wenig auf diese Aufgabe vorbereitet war, überlegte ich mit Mutter, soll ich das Angebot annehmen oder ablehnen. Wir entschieden uns positiv.

Ich reichte meine Unterlagen ein und erhielt gegen Ende des Monats ohne eine Rücksprache vom Oberkreisdirektor ein Schreiben mit der Aufforderung am 1. Juli die Stelle anzutreten. Also fuhr ich am 1. Juli nach Wesel, um mich beim Landrat, ein netter Adeliger, und dem Oberkreisdirektor, Dr. von Bönninghausen vorzustellen und die Sachlage zu prüfen. In der Wohnung des Vorgängers, Dr. Böhmer – siehe Seite 22 [S. 31] – fand ich außer zwei Schnellheftern mit einigen Verfügungen für die Verwaltungsaufgaben nichts. Ich mußte also trotz meiner Unerfahrenheit das Amt neu aufbauen. In Hamminkeln erhielt ich bei der Bäuerin Baumann eine Wohnung mit voller Verpflegung. Der Kreis stellt mir in den Röhrenwerken einen Büroraum mit den erforderlichen Möbeln, dem Büromaterial und einem tüchtigen Sekretär zur Verfügung. Vom Schulamt Geldern beschaffte ich mir einen Aktenplan und in kurzer Zeit standen die Aktenordner schön beschriftet vom Sekretär mit den Schnellheftern geordnet in den Regalen. An eine Wohnung war im total zerstörten Wesel nicht zu denken. So fuhr ich denn montags früh mit dem Zug von

Weeze nach Büderich und von da ging's per pedes nach Wesel. Für die Dienstreisen hatte ich außer der Bahn ein Fahrrad zur Verfügung. Da ich fünf Jahre in Elten gewesen war, kannte ich etwas vom Kreis und auch eine Reihe Lehrer. So besichtigte ich einmal einen Kollegen, der dreieinhalb Jahre mein Sitznachbar gewesen war. Ein Klassenbruder der Nachkriegszeit wurde Leiter der Junglehrer-Arbeitsgemeinschaft des Nordteils des Kreises. In der Schulaufsicht lief alles ruhig und normal. Obgleich ich fast zwei Jahre nur kommissarisch angestellt war – ich mußte wenigstens diese Jahre Rektor gewesen sein – hatte ich verschiedentlich Auseinandersetzungen mit der Regierung. Einmal wurde ein rotes Geschichtsbuch für die Lehrer empfohlen. Ich schrieb zurück, ich müßte es ablehnen, weil unter jedem Abschnitt nur in Rot fehle: »Darum wähle S.P.D.« Die Verfügung wurde später halbwegs widerrufen. So verlief bis Ende Dezember 1946 alles normal.

Am 1. Januar 1947 wurden die Schulämter wieder wie früher dem Regierungspräsidenten unterstellt. Damit verlor ich mein Büro und den Sekretär. Was nun? Ich holte alle Akten und die eigene Schreibmaschine nach Baumann. Bis 16 oder 17 Uhr war ich meistens unterwegs und dann bis 22 Uhr Sekretär, was mir auch vergütet wurde. Diese Arbeitsbelastung und die Trennung von der Familie gefielen mir durchaus nicht, [es] hat aber auch wieder nicht lange gedauert.

Im März 1947 wurde nach dem frühen Tode von Schulrat Maas die Stelle in Geldern ausgeschrieben. Trotz verständlicher Bedenken bewarb ich mich um die Stelle. Der letzte Satz der Begründung war: »In Wesel mußte ich mit meiner sechsköpfigen Familie hungern, während in Geldern in dieser Beziehung alles besser wäre.« Meine Mitbewerber kamen kaum in Frage, da mein früherer Rektor Pauels über 62 und Rektor Plaßmann Parteigenosse war. Ich wurde gewählt und trat am 1.Mai 1947 auf eine Verfügung des Regierungspräsidenten die Stelle in Geldern an. Gleichzeitig war ich mit der Vertretung in Wesel beauftragt. Ich holte die Akten von Wesel nach Geldern und erhielt für jeden Kreis eine Sekretärin. Einmal fuhr ich mit dem Zug nach Büderich, von dort mit dem Fahrrad nach Havelich bei Brünen [zu] einer einklassigen Schule. Der junge Lehrer hielt mit seinen Eltern eine Kuh und Schweine mit einem Hektar Land. Von dort ging's über Raesfeld nach Schermbeck – Besichtigung eines Lehrers [und] wieder heimwärts (62 km). Ab und zu konnte ich für die Reisen in den Kreis Rees den Wagen des Rektors Liesefeld in Geldern benutzen. Am 1. September wurde ich von der Vertretung in Rees befreit und die Stelle durch Schulrat Paffen besetzt.

In der Familie hatte sich seit Mitte 1945 manches verändert. Obgleich Mutter nach der Todgeburt keine Kinder mehr erwarten sollte, war sie Juli unerwartet schwanger. Doch mit Hilfe von Frau Scheulen, die nach dem Tod ihres Mannes durch eine Bombe und Rückkehr aus der Evakuierung ständig bei uns war, hat sie trotz aller Aufregung in dieser Zeit die schweren Monate gut überstanden. Am 28. März wurde dann mit Hilfe der Hebamme Pin (Philipin) Eikebosch die Hildegard geboren. Das Nesthäkchen (?) entwickelte sich mit etwas Verwöhnung, besonders durch Frau Scheulen sehr gut. Doch im März 1947 gab es für die Familie einen harten Schlag. Als Hildegard gerade laufen konnte, lief sie in einem unbewachten Augenblick an die abgesperrte Treppe, steckte den Kopf durch die Stäbe des Geländers und stürzte hinab auf den Plattenboden des Hausflurs. Unbeweglich blieb sie liegen und war einen ganzen Tag ohne Besinnung. Sie war auf den Kopf gefallen, so daß eine Gehirnplatte sich schief gestellt hatte.

Da seit April 1946 ein Umzug vorgesehen war, hatte ich Jupp und Maria bei den Höheren Schulen in Geldern angemeldet. Da Maria privat Englisch erhalten hatte, wurde sie in die Quinta aufgenommen. Lorenz, der von Oktober 1944 bis Juli 1945 von mir unterrichtet wurde, kam in Geldern in eine um ein Jahr ältere Klasse. Der vom Kreis erwünschte Umzug nach Geldern konnte nach vielen Bemühungen am 1. Oktober 1947 erfolgen. Wir erhielten eine Wohnung im Hause Löffler, Westwall 43; einen sehr großen Wohnraum mit Balkon, ein großes Schlafzimmer für Frau Scheulen und vier Kinder, ein Elternschlafzimmer, eine Küche. In dem Hause wohnten außerdem Fräulein und Herr Heringer und Familie Engels mit drei Kindern, zu denen wir ein sehr gutes Verhältnis hatten. Bei der vorhergegangenen Instandsetzung der Wohnung mit Anstreicher Jupp Schmitz aus Weeze holte ich mir durch den Bruch einer Treppenleiterstufe einen Leistenbruch, der mir später noch oft Schmerzen bereitete. Doch unseres Bleibens war wieder nicht lange. Mitte 1948 erwarb die Ortskrankenkasse das Gebäude. Der Leiter sollte hier auch wohnen und bot uns seine Wohnung, Staufenbergstraße 23 an, die besser für uns war und auch bezogen wurde. Der Umzug war deshalb etwas aufregend, weil Mutter seit März wieder in Hoffnung war, wir [am] 1. Dezember umzogen und am nächsten Tag Elisabeth geboren wurde. Trotz der Umstände verlief alles glatt, doch Elisabeth hatte in den ersten Jahren durch verschiedenen Krankheiten viel Pflege nötig.

Mit der Neuordnung des Geldwesens, Juni 1948, und dem Umzug waren wirtschaftlich und dienstlich normale Verhältnisse eingetreten. 1949 gab es nochmals aufregende Tage: Von einer Schwarzschlachtung auf Feldhof, von der [wir] einen Teil erhielten, war etwas ruchbar geworden, so daß für meine Stellung das Schlimmste zu befürchten war. Doch es hat mal wieder gutgegangen.[12] Kurze Zeit darauf wurde [die] Lebens[mittel]bewirtschaftung aufgehoben. Dienstlich habe ich mich damals weiter belasten lassen. Schon nach

---

[12]Hier scheint die Struktur des heimischen Plattdeutschen wenigstens ein mal durch die später erworbene Fremdsprache Hochdeutsch hindurch.

Lorenz, Lisel, Elisabeth, Josef (Jupp), Hildegard, Paul und Maria van Treeck
1952 (v. l. n. r.)

der Versetzung nach Geldern hatte ich gegen eine geringe Vergü-
tung die [...] Kreisbildstelle übernommen. 1949 habe ich mich nicht
lange gesträubt, die Aufgaben des Kreisbeauftragten für Naturschutz
anzunehmen, was, wie sich später herausstellte, mit manchen Unan-
nehmlichkeiten verbunden war. Es war eine Ehrenaufgabe, für die
ich 1969 das Bundesverdienstkreuz am Bande erhielt. Erst 1978, mit
achtzig Jahren, wurde ich von dieser Aufgabe befreit. Von 1955 bis
1985 war ich noch Vorsitzender des Tierschutzvereins für Geldern
und Umgegend, bei dem allerdings der Schriftführer die Hauptarbeit
leistete.

In der ersten Zeit meiner Schulratszeit mußte ich [mich] vor allem
mit den Gesetzen und Verordnungen dieses Amtes befassen, um meinen Pflichten gerecht zu werden. Viel Arbeit verursachten auch die

vielen Junglehrer nach dem Krieg, die nach zwei bis vier Jahren Schuldienst die zweite Prüfung ablegen mußten. Nach 1950 kam [der] Bau der zerstörten, veralteten und zu erweiternden Schulen dazu. 1956 hatte ich drei Monate bei meiner Tätigkeit im Kreis noch eine Oberregierungsrätin in Düsseldorf zu vertreten. Der einseitige und oft unangenehme Bürobetrieb gefiel mir aber nicht. In Abschnitten war ich auch vertretungsweise ein Jahr im Kreis Kleve tätig. Die Jahre waren sehr abwechslungsreich und, wie [ich] glaube, auch erfolgreich. Der sozialistische Regierungspräsident Bäumer hat allerdings später behauptet, die Schulen des Kreises Geldern wären noch die des neunzehnten Jahrhunderts, was er aber widerrufen mußte. Eine starke Änderung war etwa 1958 die Einrichtung des Kreisschulamtes, wodurch der Oberkreisdirektor auf Vorschlag des Schulrats Versetzungen und Abordnungen vornehmen konnte. Zu meinem [Sekretär] bekam ich noch einen Inspektor und eine Stenotypistin. Die Büroerweiterung brachte zwar eine Verwaltungsvereinfachung aber auch eine Verteuerung, doch an der Regierung wurde wahrscheinlich keine Stelle eingespart. Am 31. Oktober 1963 wurde ich in einer großen Feier in Anwesenheit der meisten Lehrpersonen des Kreises und der Spitzen des Kreises von Regierungsdirektor Klemp entlassen. Nach Neujahr ging ich dann ins Krankenhaus, um zwei Leisten- und zwei Hodenbrüche operieren zu lassen, die mir schon seit Jahren lästig gewesen waren.

Aber was nun anfangen? Die Beschäftigung mit Natur- und Tierschutz und Gartenarbeit füllte mich nicht aus. So bewarb ich mich um eine Stelle an der Knabenrealschule in Geldern. Da ich für Religion, Deutsch, Geschichte und Schwimmen die Befähigung hatte, mich für Mathematik sehr interessierte, wurde ich gerne angenommen. Bei halber Stundenzahl hatte ich mein früheres Einkommen, das wir, weil Hildegard und Elisabeth noch im Studium waren, gut gebrauchen konnten. Am 10. Mai 1969 konnte ich noch mein fünfzig-

Hausbau in der Vogteistraße 30, Geldern, 1953: Jupp und Paul van Treeck mit
Polier und Hilfsarbeiter

jähriges Dienstjubiläum feiern und nahm dann endlich Abschied
von der Schule.

Nun möchte ich noch über die wichtigsten Ereignisse in der Familie nach unserem Umzug berichten. Mutter erkrankte etwa 1953 an
der Blase. Dr. Fohler erkannte das Leiden nicht richtig, und nachdem [er] keinen Ausweg mehr sah, überwies er sie an den Urologen
Dr. Friedrich, der in Oedt ein paar Zimmer dort im Krankenhaus hatte.
Diagnose: drei Schichten Polypen übereinander. Das war 1954, als
wir auf der Vogteistraße wohnten. Bis zu ihrem Lebensende wird sie
wohl alle Jahre ein- bis zweimal operiert werden müssen. Zunächst
mußte sie nach Uerdingen, wohin der Arzt umgezogen war, aber
nach einigen Jahren starb. In der Zeit hatte Dr. Douvenbeck sich in
Geldern niedergelassen, bei dem sie in Behandlung blieb. Viel Arbeit

machte uns 1953/54 der Hausbau auf der Vogteistraße 30. Anfang 1953 übernahmen wir aus jüdischem Grundbesitz, den der Kreis nach Überwindung vieler Schwierigkeiten gekauft hatte, Gemarkung Geldern, Flur 6, Parzellen Nummer 912/21 und 915/39, 970 m^2 zum Preis von 3 DM pro Quadratmeter. Nachdem mit dem vom Techniker des Kreisbauamtes Kurt Hermkes erstellten Bauplan mit dem Bauamt Geldern Einigkeit erzielt und die Baugrube vom Nachbarn, Vermessungsrat Köpke, vermessen war, begannen Jupp, Lorenz und ich mit dem Ausheben der Baugrube mit Spaten und Handkarre, denn wir wollten soweit wie möglich alles selbst machen und vor Beginn des Winters mit dem Rohbau fertig sein. Da das Grundwasser im Winter fast bis an die Oberfläche stieg, wurde die Baugrube nur 1,10 m tief. Die Muttererde kam auf ein tieferliegendes Stück des Gartens, und der übrige Aushub wurde zur Bildung einer Warft um die Grube geschüttet. Wir arbeiteten am Mittwoch und Samstag nachmittags und oft auch am Feierabend. Mit Hilfe von Herrn Stamm vom Vermessungsamt und billig geliehenen Verschalungen hatten wir, da inzwischen Ferien, Ende August die Fundamente fertig. Die Baumaterialien besorgten wir uns selbst. Onkel Thei fuhr den Betonkies an. An Material wurde nicht gespart. Die Betondecke und die Maurerarbeiten erledigte ein fleißiger Fachmann der Firma Fonteine; das Dach fertigte die Bauschreinerei Stevens, die Fenster und die übrigen Holzteile führte Vetter Thei Valentin in Eiche aus, das Dach wurde von Firma Heisters gedeckt, die Klempnerarbeiten und die Wasserleitungen usw. fertigte Leenings, die Elektroleitungen besorgte Pastörs und den Anstrich usw. machte Malermeister Hase. Einen schönen, gut getrockneten Eichenstamm hatte mein Kegelbruder und Freund Holz-Peter Verbeeck[13] aus Straelen geschenkt.

---

[13]In Straelen gab es seinerzeit *zwei* Einwohner namens Peter Verbeek. Einer von beiden hatte eine Holzhandlung, die im allgemeinen Sprachgebrauch in den Vornamen integriert wurde.

Beim Rheinländer auf Jupps Hochzeit 1959

Über die Kosten des Baues ist ausführlich in einem besonderen Heft berichtet: 33 091,81 DM

Finanzierung:

Hypothek der Sparkasse Geldern: 8 000 DM, 7 % Zinsen

Land NRW: Darlehen, 4 000 DM, 4,5 % Zinsen, 1 % Tilgung

Rhein. Girozentr.: Darlehen 15 000 DM, 4,5 % Zinsen, 1 % Tilgung

Bargeld: 3 000 DM

Wert der Eigenleistung: 7 500 DM[14]

Obgleich im Haus noch Haustür, Treppe und anderes fehlten und

---

[14]Das durchschnittliche monatliche Netto-Haushaltseinkommen in der Bundesrepublik lag 1954 bei etwa 520 DM (vgl. Wehler: Gesellschaftsgeschichte, Band 5, München 2008, S. 122). Zum Vergleich: Fünfzig Jahre später, lag das Netto-Haushaltseinkommen in Westdeutschland bei 2900 €, also etwa elf mal so hoch (vgl. Statistisches Bundesamt, Pressemitteilung Nr.517 vom 02.12.2004).

Silberne Hochzeit 1955

die Terrasse nicht fertig war, zogen wir am 15. Februar 1954 ein. Diese großen Mängel wurden in den nächsten Monaten beseitigt. Die Garage wurde 1956 gebaut, aber zunächst vermietet. 1958 konnten wir uns einen Ford Taunus 12m leisten. Da [die] Kokswarmluftheizung nur die Wohnräume, Küche und die darüberliegenden Zimmer heizen konnte, baute die Firma Fiedler 1961 eine Ölheizung mit Rohren zu allen Räumen ein, die Jahre später auf Gas umgestellt wurde.

In der Familie hat sich in den Jahren vieles ereignet. 1955 feierten wir in sehr bescheidenem Rahmen die Silberne Hochzeit. Doch fünfundzwanzig Jahre später, als wirtschaftliche Sorgen durch die Ausbildung der Kinder nicht mehr drückten, wurde die »Goldene« groß gefeiert. Die Nachbarn hatten das Haus wunderbar geschmückt; abends vor dem Festtag wurde mit ihnen gut gefeiert. Am 26. August

Alle Enkel 1969: Paul, Klaus, Ralf, Claudia, Wolfgang, Beate, Birgit und Bernhard (v. l. n. r.)

1980 war dann in der Kapuzinerkirche Dankmesse um 15 Uhr und anschließend Familienfeier im Hotel Höfer in Sonsbeck.

Gut einen Monat später gab es dann einen harten Rückschlag. Schon Monate vorher waren mir Geschwüre im Enddarm entfernt worden. Am 28. September 1980, einem Samstag, bekam ich gegen 11 Uhr einen Darmverschluß. Dr. Koenen überwies mich sofort ins Sankt-Clemens-Hospital; doch operiert wurde ich nicht. Mutter und Jupp und [Hildegard und Elisabeth] haben mit mir eine fürchterliche Nacht durchgemacht. Trotzdem sollte am Sonntag noch nicht operiert werden. Erst nachdem Mutter gesagt hatte, daß sie mich zu einem verwandten Arzt – Johannes Aengenvoort – bringen würde, wurde ein künstlicher Darmausgang geschaffen. Nach drei Wochen wurden mir 40 cm vom Mastdarm fortgenommen. Nachdem ich etwa zwei Monate zu Hause gewesen war, wurde der normale Zustand wieder hergestellt. Auf Nachfrage Mutters betreffs meiner Lebenserwartung meinte der Arzt, daß ich noch zwei bis drei Jahre erwarten

Aus der Einladung zu Paul van Treecks 80. Geburtstag, 1978

könne. Gottlob hat er sich stark geirrt. Etwa drei Jahre [später] hatte ich wieder großes Pech. Als ich mit einer zweiteiligen Holzleiter Äpfel gepflückt hatte, klemmte der vordere Teil im Geäst. Ich packte stärker zu und und riß ihn [mir] auf den Kopf, wodurch eine etwa 5 cm lange Platzwunde entstand. Matthias Nisters fuhr mich zum Krankenhaus, die Wunde wurde genäht, und danach war die Sache erledigt. Auch später habe ich, da ich nicht immer vorsichtig war, verschiedentlich Pech gehabt. Am 6. Februar 1991 stürzte ich bei Glatteis und hatte einen Knochenbruch im rechten Handgelenk. Viel folgenschwerer war ein Sturz mit dem Fahrrad am 10. September 1991, bei dem ich beim Absteigen mit der Jacke am Sattel hängen blieb und flach auf den Südwall stürzte. Folgen: Kleine Platzwunde am Kopf, kleine Gehirnerschütterung, zwei Brüche im linken Schlüsselbein, Blutergüsse an der linken Körperseite und Schmerzen im linken Oberschenkel, die lange anhielten. Das Herz muss auch gelitten haben, denn Herzrhythmusstörungen blieben noch lange. Ein Herrenfahrrad habe ich seither nicht mehr benutzt. Da sich das schon länger verspürte Schwindelgefühl verstärkte, habe ich nach einem Jahr auch ein altes Damenfahrrad stehen lassen. Ein neues Vehikel, das mir die Kinder Weihnachten 1992 schenkten, habe ich nie gebraucht.

Doch auch Mutter hat es in den Jahren oft schwer gehabt. Nach einem halben bis einem Jahr mußte sie seit 1953 ständig wegen der Polypen in der Blase operiert werden. Mehr Schmerzen bereitete ihr seit etwa 1980 eine Arthrose in den Handgelenken, die trotz vieler Behandlung kaum zu lindern war.

Nun nach all den Unglücken und Krankheiten soll auch das Erfreuliche dargestellt werden. Im Kreise der Verwandten, der Bekannten und Freunde/Freundinnen konnten wir beide die Vollendung der runden Geburtstage feiern. Ein besonderes Fest war die Diamantene Hochzeit am 26. August 1990. Wie bei der Goldenen war der Hauseingang von den Nachbarn festlich gestaltet worden. Für die übliche Feier mit der Nachbarschaft hatten wir auf dem Rasen einen Ausschank und Sitzgelegenheiten mit Tischen aufgebaut. Neben diesen erschien noch wie bei der Goldenen das Tambourcorps der Bergknappen und zusätzlich der Männer- und Frauengesangsverein Geldern. Die erste Gruppe zog nach ihren Darbietungen und einem kleinen Umtrunk bald ab, doch ein Teil der Sänger hat noch mit entsprechendem Durst mit Liedern und Döntjes der ganzen Gesellschaft viel Freude bereitet. Am Freitag war um 10 Uhr ein feierliches

Diamantene Hochzeit, Paul van Treeck von Wespen zerstochen

Dankamt mit drei Geistlichen, bei dem Pater Friedhelm Tissen[15] eine passende Ansprache hielt. Beim Auszug aus der Kapuzinerkirche überreichten uns die spalierbildenden Nachbarn sechzig Rosen. Diesmal gaben wir anschließend im Vogteier Sommergarten für entferntere Verwandte und Bekannte einen Empfang. Für die mit uns näher Verbundenen stand ab 13 Uhr ein gutes Festessen bereit. Danach konnte man sich im Garten des Hauses bei herrlichem Wetter erho-

---

[15]Friedhelm Tissen ist ein Neffe Paul van Treecks und leitet heute als Abt die Benediktiner-Abtei in Kornelimünster bei Aachen.

len und unterhalten. Zur Stärkung für die weiteren Strapazen gab es gegen 17 Uhr Kaffee mit Kuchen. Nun hatte Jupp das Wort. Unter seiner humorvollen Leitung wurde den Festversammelten viel Schönes und Lustiges geboten und große Freude bereitet. Wie auch bei den früheren Festen kam das Tanzen nicht zu kurz, wobei wir alten Hochzeiter nicht fehlten. Es war ein schön gelungenes Fest.

Zwei Besonderheiten dieses Festes hätte ich beinah vergessen. Am Abend mit den Nachbarn wollte ich vor Ankunft der Gäste einem Wespenstaat, der sich in unserem Garagendach niedergelassen hatte mit Paral das Lebenslicht ausblasen. Da aber noch nicht alle zu Hause waren, hatten mir drei eine Giftspritze versetzt, so daß ich kurz darauf auf der Terrasse zusammenbrach. Mutter rief sofort Dr. Pauly an, der auch alsbald erschien und mich mit Gegenspritzen in kurzer Zeit wieder fitmachte. Die Feiern habe ich gut überstanden, doch durch die Schwellungen und bunten Farben im Gesicht war ich »sehr angesehen«. Weiter muß ich noch vermerken, daß Hildegard und Elisabeth die Festmesse durch zweistimmige Blockflöteneinlagen verschönert haben.

Jetzt wäre über die Feier zur Vollendung meines 95. Lebensjahres einiges zu berichten. Wie bei der Diamantenen hatte ich zu dem damaligen Kreis noch etwa zwanzig Schulleiter, die mich bei ihrem Ausscheiden aus dem Schuldienst gebeten hatten, zum Empfang im Vogteier Sommergarten geladen. Eine Blockflöterinnengruppe, der unsere beiden Jüngsten angehörten, erfreute die Gesellschaft mit einigen netten Konzertstücken. Für die nächsten Verwandten und Bekannten gab es ab 13 Uhr wie bei den früheren Festen den üblichen Schmaus. Nach etwa einer Stunde wurde dann Kaffee mit Gebäck aufgetragen. Während der Zeit wurden noch einige unterhaltsame Darbietungen geboten. Meine sechs Patenkinder mit ihren Ehehälften, die bei allen Festen dabei waren, aber sich stets äußerst still verhalten hatten, hatten sich auf leichten Druck dazu aufgeschwungen, ein

Paul van Treeck an seinem 100. Geburtstag 1998

passendes, selbstgedichtetes Lied vorzutragen. Gegen 16 Uhr war
dann die Feier beendet.

Nachwort

Am 16. August 1995 feierten Lisel und Paul van Treeck bei guter Gesundheit ihre Eiserne Hochzeit. Am 9. Oktober 1998 wurde der hundertste Geburtstag groß gefeiert und Paul van Treeck empfing alle Gäste stehend mit Handschlag. Im folgenden Jahr wurde bei Lisel van Treeck ein Aortenaneurysma diagnostiziert, also eine stark erweiterte Hauptschlagader, die jederzeit reißen kann. Am Universitätsklinikum Düsseldorf wurde sie erfolgreich operiert und erholte sich unter der Pflege ihrer Tochter Maria zuhause.

Paul van Treeck wurde hundert und ein Jahr alt. Er starb am Abend des 15. Februar 2000 zuhause in Geldern. Seine Frau Lisel, seine Kinder und auch ich waren in seinen letzten Stunden bei ihm. Er wurde auf dem Gelderner Friedhof bestattet. Wenig später, am 13. Dezember 2000, starb auch Lisel van Treeck.

* * *

Abschließend möchte ich noch einige Anmerkungen machen zu Ereignissen, die im Text genannt werden und die meine Neugier besonders geweckt haben. Manche Sachverhalte haben sich erst nach Jahrzehnten mit Mitteln der elektronischen Recherche klären lassen. So wird erst rückblickend klar, wo genau Paul van Treeck seine Verletzung im ersten Weltkrieg erlitten hat und wie zynisch die Heeresleitung seine Einheit als Kanonenfutter eingesetzt hat.

Die Lage im Westen, April 1917

In den Memoiren schreibt Paul van Treeck lakonisch: »Am Morgen des 20. April zogen wir durch die sehr gut ausgebaute Siegfriedstellung in Richtung Somme-Front, die aufgegeben war«. Für den folgenden Tag der Verwundung meldet die Kriegsdepesche exemplarisch Folgendes:[16]

> Großes Hauptquartier, 21. April.
> Westlicher Kriegsschauplatz:
>
> Heeresgruppe Kronprinz Rupprecht:
>
> Erkundungsvorstöße im Ypernbogen brachten eine Anzahl Gefangener und Beute an Grabenwaffen ein. Die allmähliche Steigerung der Feuertätigkeit zwischen Loos [Loos-en-Gohelle] und der Bahn Arras–Cambrai hält an.
>
> Heeresgruppe Deutscher Kronprinz:
>
> Truppen aller deutschen Stämme vollführten auf dem gewaltigen Schlachtfelde an der Aisne und in der Champagne im Kampf Mann gegen Mann wie in bis zum Tode getreuen Ausharren bei schwerstem Feuer täglich und stündlich Heldentaten. Der Heeresbericht kann sie nicht einzeln nennen.
>
> Gestern vormittag wurde durch Stoßtrupps die ehemalige Zuckerfabrik südlich von Cerny vom Feinde gesäubert; weiter östlich, an der Hurtebise-Ferme, schlugen unsere Truppen französische Teilangriffe ab. Am Brimont wurden französisch-russische Sturmtruppen verlustreich zurückgewiesen.
>
> In den Nachmittagsstunden setzte an der ganzen Aisnefront und in der Champagne wieder starker Artilleriekampf ein. Heftige Angriffe entwickelten sich bei Braye, von der Hochfläche von Paissy bis in die Senke östlich von

---

[16] Amtliche Kriegs-Depeschen nach Berichten des Wolff'schen Telegr.-Bureaus, Band 6, Nationaler Verlag, Berlin 1917

58

Craonne und zwischen Prosnes und der Suippesniederung. Am Chemin des Dames brach der feindliche Sturm im Feuer, an einzelnen Stellen im Nahkampf zusammen. In der Champagne scheiterten die Angriffe vor unseren Stellungen. [...]

Der Erste Generalquartiermeister

Ludendorff.

Von einem erzwungenen Rückzug der deutschen Truppen auf besser ausgebaute Stellungen im Hinterland ist erwartungsgemäß keine Rede, doch nach verlustreichen Kämpfen an der Somme zog sich die deutsche Armee in der Operation Alberich – in Anspielung auf dessen Tarnkappe – überraschend auf die gut ausgebaute Hindenburg-Linie zurück. Der Abschnitt der Hindenburg-Linie zwischen Arras und der Oise wurde als Siegfriedstellung bezeichnet und konnte bis Oktober 1918 gehalten werden. Im April 1917 zog Paul van Treecks Regiment *durch* diese Stellung in den vorgelagerten Frontabschnitt, also hinein in taktisch bereits verlorenes Terrain »in Richtung Somme-Front, die aufgegeben war«.

Der Hinweis auf ein Schloss in Graincourt und die spätere Verlegung nach Cambrai, deuten auf das Oktober 1916 eingerichtete Feld-Lazarett 5, XIX. in Graincourt-lès-Havrincourt. Französische Militärkarten aus dem April/Mai 1917 bestätigen einen Frontverlauf im Abstand von einem Kilometer im Halbkreis südwestlich um Graincourt.[17]

Van Treecks Regiment sollte also lediglich den Vormarsch der Entente bremsen, um anderen Truppen einen geordneten Rückzug

---

[17]Die abgebildete Karte wurde am 15. April 1917 erstellt. Der Abstand zwischen den gepunkteten Linien ist 500 m. Vermutlich zwischen den Zahlen 4 und 10 liegt der Höhenzug auf dem Paul van Treeck verletzt wurde, östlich davon der Canal du Nord. Quelle: Research Collections of the McMaster University

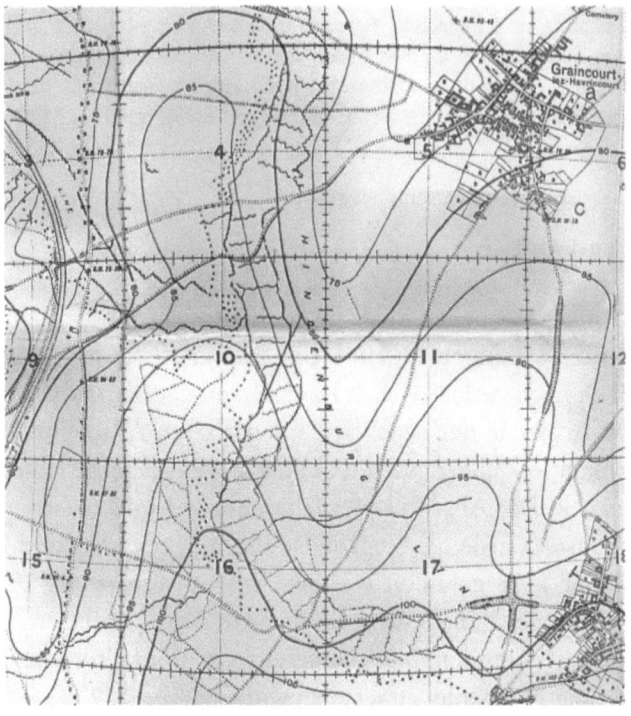

Militärische Karte von Queant

und die Installation in der sogenannten Siegfriedfestung zu ermögli-
chen. Die Position ohne jede Deckung auf dem Hügelrücken südlich
von Graincourt war militärisch nicht zu halten. Paul van Treecks Einheit wurde offenbar als Kanonenfutter eingesetzt, um den Vormarsch
der Alliierten um einige Stunden oder Tage zu bremsen.

Libraries: WW1 Trench Maps: France, Box 1, Envelope 003 Database 3. French
Military map: Queant.

Die Lage in Weeze, März 1945

Paul van Treeck meint, am Morgen des 2. März 1945 britische Soldaten am Ostufer der Niers ausgemacht zu haben, Gräfin von Loë hingegen meint sich an kanadische Truppen im Morgennebel zu erinnern. Tatsächlich haben sowohl Paul van Treeck als auch die Gräfin recht. Die »Operation Blockbuster«, auch bekannt als »Schlacht um das Rheinland« stand unter dem kanadischen Oberkommando General Crerars, der in der *First Canadian Army* neben dem *2nd Canadian Corps* auch das *30th British Corps* befehligte.

Die Hauptmarschrichtung der Alliierten war auf Xanten ausgerichtet. Diesen Flügel am Rhein entlang übernahmen die kanadischen Divisionen. Aus Süden sollte die amerikanische Offensive *Grenade* den Vorstoß unterstützen, wurde jedoch durch die Überschwemmungen an der Maas erheblich aufgehalten, sodass die britischen Divisionen weit nach Süden schwenkten, wo sie erst in Berendonk auf das *16th U.S. Corps* trafen. Besondere Erwähnung findet die *53rd Welsh Division*:

> Also on the 2nd the 53rd Division found Weeze free of the enemy and its advanced units exploited along the axis of road and railway to Kevelaer without establishing contact. The long-awaited junction between the First Canadian and Ninth U.S. Armies came on the afternoon of 3 March, when the 4th/7th Royal Dragoon Guards, working ahead of the 53rd Division, encountered cavalry of the 16th U.S. Corps in the village of Berendonk, three miles north-west of Geldern.[18]

Der Karte auf der nächsten Seite mit den Truppenbewegungen während der Operation Blockbuster kann man entnehmen, dass die *15th Scottish Infantry Division* den Bereich östlich der Niers, westlich von

---

[18]C.P. Stacey: *The Operations in North-West Europe, 1944–1945* Vol. III of: *Official*

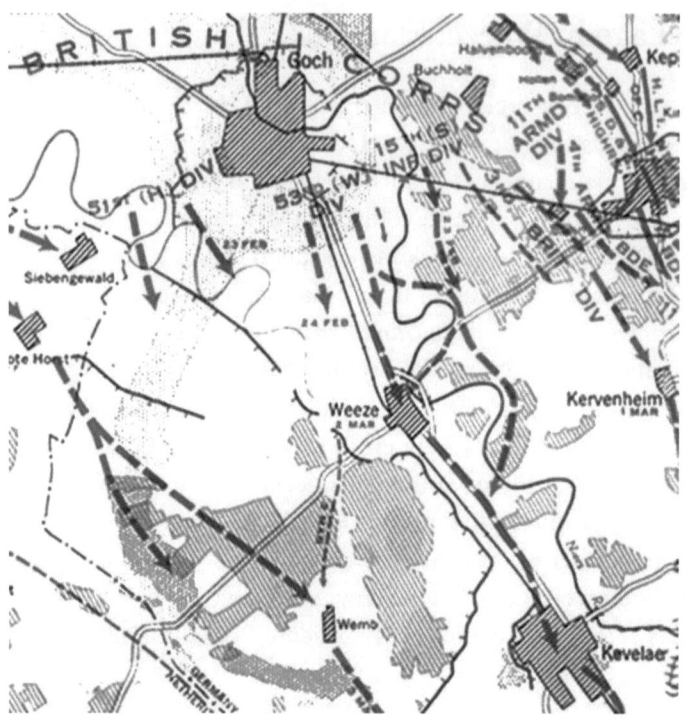

Ausschnitt der Karte »Operation Blockbuster«, 22 February–10 March 1945
(Stacey: The Operations ..., S. 518)

Kervenheim durchquert hat. Südlich von Weeze, bei Schloss Wissen
haben die Truppen die Niers überschritten, um sich auf der Reichs-
bzw. Bundesstraße 9 mit der 53sten Division zu vereinen.

So kann man also davon ausgehen, dass die Gräfin von Loë und
Paul van Treeck Soldaten der 15. schottischen Infanterie-Division
gesehen haben, die als Teil der Ersten kanadischen Armee den Niederrhein befreiten.

History of the Canadian Army in the Second World War. Ottawa 1966, S. 514

Zu den Stimmungsberichten

Paul van Treeck schreibt auf Seite 40 über einen besonders heiklen Stimmungsbericht an die Alliierten:

> Anfang August verlangten die Engländer einen Stimmungsbericht. Ich berichtete darin vor allem, wie schlecht sich einzelne Soldaten benommen hatten: Sie zerschlugen Möbel, Lampen und verschleppten wertvolle Sachen, brachen die Schatzkammer in Schloß Wissen auf und leerten sie. Der letzte Satz lautete: »Nach all diesen Vorkommnissen kann kaum noch jemand glauben, daß die neue Kultur, die von England kommen soll, von England kommen kann.«

Dieser letzte Satz zeugt in seiner Deutlichkeit von besonderer Courage, eventuell auch von besonderer Dickköpfigkeit, sicher von persönlicher Empörung, nachdem die Familie »unser gutes Porzellan« aus dem vermeintlich sicheren Keller von Schloss Wissen verloren hatte.

Hat Paul van Treeck das wirklich geschrieben und an die Alliierten weiterleiten lassen?

Im zuständigen Archiv des Kreises Kleve und Altkreises Geldern beginnen die Berichte aus den Gemeinden und die zusammenfassenden Gesamtlageberichte des Landrats leider erst Mitte September. Auch das Gemeindearchiv Weeze teilt auf Anfrage mit, nicht über Stimmungsberichte zu verfügen.

Im ersten erhaltenen Stimmungsbericht vom 19. September 1945 schreibt Paul van Treeck:[19]

> Ergänzend zu meinem letzten Stimmungsbericht möchte ich erwähnen, daß das Verhältnis zwischen den Alliierten Truppen und der Zivilbevölkerung sich wesentlich gebes-

---

[19]Kreisarchiv Kleve, Akte KA Kle B 313

sert hat. Übergriffe der Soldaten sind hier in der Bürger-
meisterei kaum noch vorgekommen.

Diese Verbesserung der Beziehungen findet auch Einzug in den
ersten erhaltenen Gesamtlagebericht vom 6. Oktober 1945, den der
Landrat noch etwas positiver formuliert:[20]

> The main point which is underlined by Burgomasters is
> that the relations between Allied Troops and civilians are
> remarked as better allover. No cases of encroachment of
> Allied Soldiers have been reported. On the other side
> there is a correct behaviour to Occupation Troups [!] by
> the Civilians.

Auch wenn direkte Belege fehlen, unterstützen die beiden Quellen
Paul van Treecks Wiedergabe des Berichts.

Rückblickend scheint ihm diese wenig diplomatische Offenheit
nicht geschadet zu haben.

---

[20] ebenfalls Kreisarchiv Kleve, Akte KA Kle B 313

Eine seltene historische Aufnahme von Autor und Herausgeber (v. l. n. r.)